suhrkamp taschenbuch 1557

Pandit Gopi Krishna, 1903–1984, Brahmane. Ab 1920 intensive Meditation und Disziplin, 1937 erste persönliche Erfahrung der Kundalini-Kraft (ein Begriff aus der indischen Denktradition), 1946 Gründer einer Reformbewegung, die die Wiederverheiratung von Witwen gestattet, die Mitgift abschafft und sich für Hilfe an Witwen, Waisen, Obdachlose und Vertriebene einsetzt. Veröffentlichungen: *Kundalini, die evolutionäre Energie im Menschen* (Autobiographie), 1967; *The Biological Basis of Religion and Genius*, 1970; *The Secret of Yoga*, 1972. Gopi Krishna ist Gründer des Central Institute for Kundalini Research, Kashmir.

Carl Friedrich von Weizsäcker, geboren am 28.6. 1912 in Kiel. Studium der Physik an den Universitäten Berlin, Göttingen und Leipzig. 1933 Dr. phil. bei Professor Werner Heisenberg. 1936–1942 Assistent am Kaiser-Wilhelm-Institut in Berlin, 1942–1944 Professor für theoretische Physik an der Universität Straßburg, 1946–1957 Abteilungsleiter am Max-Planck-Institut für Physik in Göttingen und Honorarprofessor an der Universität Göttingen, 1957–1969 Professor für Philosophie an der Universität Hamburg, 1970–1980 Direktor des Max-Planck-Instituts zur Erforschung der Lebensbedingungen der wissenschaftlich-technischen Welt. Veröffentlichungen: *Die Atomkerne*, 1937; *Der ungesicherte Friede*, 1969; *Die Einheit der Natur*, 1971; *Fragen zur Weltpolitik*, 1975; *Die Zeit drängt*, 1986, u. a.

C. F. von Weizsäcker setzt sich in seiner Einleitung zum vorliegenden Buch als Wissenschaftler mit den Erfahrungen des indischen Pandit Gopi Krishna auseinander. Gopi Krishna ist überzeugt, daß die Menschen nach einem Gesetz handeln, das ein geistiges wie biologisches ist und vom Niederen zum Höheren führt. Weizsäcker versucht, diese Vorstellung mit der Philosophie Platos, der Psychologie von Freud und C. G. Jung und mit der modernen Biologie und Medizin zu konfrontieren.

Gopi Krishna hatte das Erlebnis des »Kundalini«, das ist der indische Name für das Erwecken einer jenseitig-diesseitigen Naturkraft, die mit dem Symbol der Schlange verdeutlicht wird. Kundalini führt zu einer höheren Bewußtseinserfahrung, die ein Leben von Grund auf verändern kann. Weizsäcker gelingt es, darzulegen, welche Parallelen und Denkanstöße die westliche Welt von diesem evolutionären Gedanken aufnehmen kann. Mit Krishnas Glauben an eine evolutive, der göttlichen Bestimmung des Menschen entsprechenden Potenz im Sein des Menschen sieht Weizsäcker eine offene Zukunft.

Gopi Krishna
Carl Friedrich von Weizsäcker

Die biologische Basis der religiösen Erfahrung

Suhrkamp

Titel der Originalausgabe: *The Biological Basis of Religion and Genius*
Aus dem Englischen übersetzt von Ursula von Mangoldt
Unter dem Titel *Biologische Basis der Glaubenserfahrung* erschienen im Rahmen der Veröffentlichungen der FORSCHUNGSGESELLSCHAFT FÜR ÖSTLICHE WEISHEIT UND WESTLICHE WISSENSCHAFT e. V., Leitung: Prof. Dr. Carl Friedrich Freiherr von Weizsäcker und Karl Friedrich Basedow, 8131 Berg/Starnberg, und im Otto Wilhelm Barth Verlag.

suhrkamp taschenbuch 1557
Erste Auflage 1988

Satz: Uhl + Massopust, Aalen
Druck: Ebner Ulm
Printed in Germany
Umschlag nach Entwürfen von
Willy Fleckhaus und Rolf Staudt

1 2 3 4 5 6 – 93 92 91 90 89 88

Inhalt

Carl Friedrich von Weizsäcker:
Einleitung
1. Über den Verfasser 9
2. Religion als Problem und Wissenschaft als Problem .. 12
3. Gopi Krishnas Erfahrung 17
4. Der biologisch-medizinische Aspekt 28
5. Genie und Wahnsinn 36
6. Was ist Evolution? 42
7. Physik und Zeit 44
8. Das Eine 46
9. Christentum und Geschichte 48
10. Die Zukunft unserer Welt 49

Gopi Krishna:
Die biologische Basis der religiösen Erfahrung
Vorwort 53
I. Geistiger Verfall der Religionen 55
II. Irrtum der Wissenschaft 65
III. Entwicklung als Antwort 79
IV. Methode der Entwicklung 91
V. Göttliche Möglichkeiten im Menschen 110

Carl Friedrich von Weizsäcker

Einleitung
zum Buch von Gopi Krishna
Die biologische Basis
der religiösen Erfahrung

1. Über den Verfasser

Den Anstoß, gerade zu diesem Buch eine ausführliche Einleitung zu schreiben, gab mir die Erfahrung der persönlichen Bekanntschaft mit seinem Verfasser.

Als mir zum Anfang des Jahres 1968 durch deutsche Vermittlung der Besuch des mir bis dahin völlig unbekannten Pandit Gopi Krishna aus Srinagar in Kaschmir angekündigt wurde, war ich nahe daran, mich mit Zeitmangel zu entschuldigen. Die grundlegende Wichtigkeit der asiatischen meditativen und philosophischen Tradition war mir seit meinen Studentenjahren voll bewußt; ich fühlte mich ihr sehr nahe, aber ich habe lange gewartet, ehe ich mich auf sie einließ. Für die meisten von uns, die wir in die westliche Kultur hineingeboren sind, schien mir zu gelten, daß wir dem inneren Gesetz dieser eigenen Kultur soweit folgen sollten, bis eben diese unsere Entwicklung selbst uns zu Partnern der östlichen Kultur machen würde. Die heutige Überschwemmung westlicher Länder mit Heilsliteratur, reisenden Yoga-Meistern und ihren meist unvollkommen nachgeahmten Praktiken scheint mir eher eine Verzweiflungsreaktion in unserer eigenen Bewußtseinskrise, die falsche Antwort auf eine richtige Frage.

Zum Glück überwand ich meinen Widerstand. Als dann der angekündigte Gast mein Zimmer betrat, empfand ich im Bruchteil einer Sekunde: Dieser Mann ist echt. Ein bescheidener und sicher auftretender Mann, dem man seine fast siebzig Jahre nicht ansieht, dem Partner ruhig ins Auge blickend, in der heimischen Kleidung des Brahmanen aus Kaschmir (jener hellhäutigen Gesellschaftsgruppe, der auch die Familie Nehrus entstammt), präzise Fragen präzis und manchmal überraschend beantwortend, in einem oft lächelnd vorgebrachten tiefen und humanen Ernst – seine Gegenwart tat mir wohl, und die Spur dieser einfachen und guten Ausstrahlung blieb wohl einen Monat lang fühlbar in mir. Ich bekam und las dann sein erstes Buch

»Kundalini«*, das eine Schilderung seines Lebens ist. Aus dem Gespräch und dem Buch erfuhr ich, daß er fast sein ganzes Leben im heimatlichen Kaschmir verbracht hat. Er war jahrzehntelang Regierungsbeamter. Er ist verheiratet, nun sind auch seine drei Kinder verheiratet, und er ist heute noch der indische Hausvater im klassischen Sinn. Als ich ihn unlängst in seinem bescheidenen, aber bürgerlichen Haus in Srinagar eine Woche lang besuchte, sah ich, wie er in die Gesellschaft, der er entstammt, integriert ist. Er ist ein verehrter Führer in der Hindu-Minorität, der auch Respekt von den Moslems genießt und mit vielen von ihnen befreundet ist. Er war jahrelang Leiter eines Hilfswerk für Arme. Kommt man mit ihm in ein Dorf, so erkennen ihn oft die Bauern und begrüßen ihn freudig. Er hat sich mit großem persönlichem Mut und Risiko, und mit Erfolg, für die Überwindung überholter religiöser Bräuche in der eigenen Gemeinschaft eingesetzt. So hat er erreicht, daß es üblich geworden ist, daß Witwen wieder heiraten dürfen, und hat sich darum bemüht, daß die unerträglichen finanziellen Lasten, die die Verheiratung von Töchtern mit sich bringt, eingeschränkt wurden; wie tiefe Einbrüche in die Tradition dies bedeutet, macht sich vielleicht ein europäischer Leser nicht leicht klar. Wer nur dies wüßte, würde sagen: eine reelle, Respekt und Zuneigung verdienende lokale Größe.

Der wesentliche Inhalt des Gesprächs und Buchs aber erwies sich als etwas ganz anderes: die erschütternde, lebensgefährliche, die ganze Persönlichkeit neu bildende Erfahrung einer jenseitig-diesseitigen Kraft, eben der Kraft, die er mit ihrem traditionellen indischen Namen Kundalini nennt. Vom Inhalt dieser Erfahrung will ich im dritten Abschnitt dieser Einleitung sprechen, hier nur von ihrer biographischen Rolle. Gopi Krishna hat seit seinem siebzehnten Lebensjahr, zunächst aus einem Impuls seelischer Reinigung heraus, meditiert. Vierunddreißigjährig erlebte er den Durchbruch eines neuen, größeren und beseligenden Bewußtseins. Aber der begonnene Vorgang hatte

* Gopi Krishna »Kundalini. Erweckung der geistigen Kraft im Menschen«. O. W. Barth Verlag, Weilheim/Obb., 1968.

eine physische und seelische Umwandlung zur Folge, die wie ein verzehrendes Feuer seine Existenz bedrohte. Er suchte einen Meister (einen Guru im Sinne indischer Tradition), aber keiner wußte ihm zu helfen.

Sein Ich behielt jedoch die Kontrolle der Vorgänge, die sich nach zwölf Jahren in eine nun nicht mehr weichende innere Helligkeit und Lebendigkeit lösten. Jetzt empfand er sich wie ein neuer Mensch, mit objektiven Gaben, die er nie zuvor gehabt hatte, so der Gabe des inspirierten Schreibens, ein Mensch der sich neu, helfend und leitend, seinen Mitmenschen zuwenden konnte. Eine in seiner Umwelt aufflammende Berühmtheit als Erleuchteter bog er, kritisch gegen solche Räusche, entschlossen ab; sein Umgang mit den Mitmenschen lag in der kontrollierbaren Realität. Aber er war gewiß, das in den klassischen Schriften beschriebene Erwachen der Kundalini selbst erfahren zu haben. Er las die Schriften der meditativen und mystischen Tradition nun als einer, der wußte, wovon dort die Rede ist. Nach jahrzehntelanger Selbstprüfung entschloß er sich, für die Welt, zumal auch für die Welt der modernen Wissenschaft, hierüber zu schreiben. Das erste Buch war die Beschreibung seiner persönlichen Erfahrung. Das zweite Buch, eben das hier vorgelegte, ist eine Einleitung in das, was er in weiteren Schriften an Objektivem zu lehren gedenkt.

Wenn ich zu diesem Buch nun selbst eine Einleitung schreibe, so möchte ich damit seinem Verständnis und seiner Wirkung dienen. Dazu ist notwendig, daß ich offen auch auf seine Schwächen hinweise. Wer als moderner Intellektueller dieses Buch liest, dem bleibt eine gewisse Naivität des Verfassers nicht verborgen. Er ist eine eigentümliche Mischung eines ganz traditionellen und eines ganz modernen Menschen. Die Werte, zumal die moralischen Werte der Tradition, in der er aufgewachsen ist, sind ihm selbstverständlich. Er ist unfähig auch nur zu einem Anflug desjenigen Zynismus, mit dem jeder, auch der ernsthafteste moderne Intellektuelle geimpft und die Welt des modernen Denkens durchseucht ist. Wir Intellektuellen bilden uns naiv ein, wer diese Impfung nicht hat, wisse etwas Entscheidendes nicht. Das mag sein, aber hier müssen wir uns von unserer Naivität distanzieren, um das in einer anderen Naivität mögliche Wissen zu begreifen. Andererseits ist Gopi Krishna in dem Sinn ganz modern, daß sein Adressat durchaus das moderne Bewußtsein, vor allem die moderne Wissenschaft ist. Der Orthodoxie des Hinduismus steht er fern, und ich habe erlebt, wie er mit Europäern, welche die indische Tradition gegen den modernen Westen ausspielen wollten, in eine nicht auflösbare Meinungsverschiedenheit geriet. Hier ist es nun eine Schwierigkeit, daß seine eigene Kenntnis der europäischen Geisteswelt und der modernen Wissenschaft autodidaktisch ist. Er zitiert nicht immer diejenigen Autoren, die uns heute relevant erscheinen, und er unterscheidet nicht immer scharf zwischen der gängigen Schuleinordnung einer wissenschaftlichen Lehre und ihrer subtileren Meinung. So ist er nicht immer ein kompetenter Analytiker, aber er ist etwas viel Wichtigeres: ein Augenzeuge der Wahrheit, die er vertritt. Auch der manchmal breit dahinströmende Fluß der Worte, eine in Indien nicht ungewöhnliche Stileigentümlichkeit, ist ein Ausdruck der Weise, wie seine Schriften entstehen, nämlich nicht als Ergebnisse der Reflexion, sondern unter dem inneren Drang einer spontan sich wiederholenden Wahrnehmung.

2. Religion als Problem und Wissenschaft als Problem

Die beiden einleitenden Kapitel dieses Buchs von Gopi Krishna werfen lediglich die Fragen auf, von denen die im dritten Kapitel beginnende Antwort ihren Ausgang nimmt.

Das *erste* Kapitel macht die Religion zum Problem. Es beginnt wie eine der aufklärerischen Religionskritiken mit der Irrationalität und den widerwärtigen Praktiken der Religion, vom Schamanentum bis zur Hochreligion. Es geht über zu der ungelösten Frage der Theodizee, der Rechtfertigung Gottes gegen den Vorwurf, der dem Schöpfer aus dem Elend seiner Schöpfung gemacht wird, und erörtert in Breite die einander vielfach widersprechenden Lehren vom Leben nach dem Tode in der Vielzahl der Religionen. Es vergleicht diese Widersprüche der Offenbarungslehren mit dem sicheren Gang der Wissenschaft und sagt den unfehlbaren Sturz der Herrschaft der Religionen über die Menschen voraus. Angesichts der noch ungebrochenen Gläubigkeit der erdrückenden Mehrheit der Hindus hat diese Vorhersage einen schärferen Klang als im Blick auf die Welt des westlichen Christentums, wo sie tatsächlich schon weitgehend erfüllt ist.

Trotzdem ist das Ziel dieses Kapitels nicht, die antireligiöse Aufklärung zu verfechten, sondern ein Paradox zu formulieren: wenn die Religion so voller Widersprüche steckt, wie konnte sie der Menschheit jahrtausendelang eine echte Führerin sein? Gerade der sich für aufgeklärt haltende Religionsgegner sollte hier vor ein ungelöstes Problem gestellt werden. Man könnte es mit der heute durch den Neomarxismus in der westlichen Jugend wieder populär gewordenen Denkfigur der Dialektik erläutern. Eine dialektische Geschichtsphilosophie wird die Herrschaft der Religion als eine heute in Wahrheit schon überwundene Phase der Weltgeschichte ansehen. Geschichtsdialektik bedeutet aber, daß in jeder dieser Phasen Wahrheit herrscht, nur eine Wahrheit, die durch die ihr innewohnenden Widersprüche über sich hinaus in ihre bestimmte Negation getrieben wird. Wenn man vereinfachend sagen darf, die Geschichtsphase der Religion sei durch die Phase der Wissenschaft abgelöst, so wird die Wissenschaft selbst naiv in ihrem Gegensatz zur Religion stecken bleiben, solange sie nicht zu fragen vermag, inwiefern gerade in der überwundenen Religion Wahrheit war. Diese Frage muß im unverwandten Hinblick auf die Widersprüche und die Greuel der Religion gestellt werden, sonst fragt sie nicht nach der Wirklichkeit der Religion. Und die Antwort muß uns gleichwohl die Verbindung der Wahrheit der Religion mit dem, was für uns wahr ist, sehen lehren, sonst fragt sie nicht nach der wahren Religion.

Wenn ich nun den Gedanken des *zweiten* Kapitels etwas eigenwillig weiterspinnen darf, so erweist sich die weltbeherrschende Wissenschaft zu dieser Frage nicht fähig, da sie soeben den Zusammenbruch der von ihr geschaffenen und beherrschten Welt erlebt. Diese Bemerkung läßt sich aufgliedern. In der Phase ihrer ungebrochenen eigenen Herrschaft vermochte die Naturwissenschaft – denn um sie geht es – die Frage nach dem Wahren in der Religion nicht einmal zu stellen. Sie selbst war naiv-materialistisch und leugnete schlicht die Wirklichkeiten, die in ihren Begriffen nicht vorkamen. (Man sieht hier, nebenbei bemerkt, welche Schriften Gopi Krishna in seiner Jugend gelesen hat. Ich erinnere mich, wie ich mich als Schüler mit dieser naturwissenschaftlichen Popularphilosophie herumgeschlagen habe; nur hatte ich das Glück, dann an der Universität Bohrs und Heisenbergs Physik und die klassische europäische Philosophie lernen zu können.) Heute aber wird in der ganzen modernen Welt die Lebenskrise der von der Wissenschaft bestimmten Gesellschaft manifest. Für Gopi Krishna enthüllt sie sich vor allem in dem moralischen Zusammenbruch der einst durch die Religion geschützten Werte. Diese Darstellungsweise wird den Gesellschaftskritikern in der jungen Generation, die selbst einen moralischen Protest anmelden, nicht überzeugend erscheinen. Aber auch ihre Kritik läßt sich so verstehen, daß sie in der von Gopi Krishna intendierten Richtung weist. Diesem Verständnis möchte ich hier zwei Absätze widmen.

Ein Name für das, was die junge Generation angreift, ist Technokratie. Sie erscheint ihr im Westen vor allem in der Gestalt des Kapitalismus, in Osteuropa im Gewand der Bürokratie. Diese beiden letzteren Namen verraten noch etwas vordergründige Vorwürfe, nämlich, daß bestimmte Menschengruppen, die Eigentümer von Privatkapital bzw. die Funktionäre des Apparats, ihr Eigeninteresse vor das Interesse der Gesamtheit stellen. Der Vorwurf wird tiefer begründet, wenn man zunächst die Verteidigung beider Menschengruppen ernstnimmt, daß sie nämlich in ihrem jeweiligen Gesellschaftssystem eine unentbehrliche Rolle spielen: die Kapitaleigentümer in der privaten Marktwirtschaft, die Funktionäre in der Staatswirtschaft. Der vordergründige politische Kampf wird heute freilich von denjenigen

Ideologen ausgetragen, die jeweils eines der beiden Systeme für prinzipiell falsch, das andere hingegen für das richtige, nur leider seinem Ideal vielleicht nicht voll entsprechend ansehen. Ich überlasse diesen Streit denen, die an ihn glauben, und frage den Liberalen, warum das Kapital, und den Sozialisten, warum der Partei- und Staatsapparat so schmählich versagt. Hier gewinnt nun der Technokratie-Vorwurf erst seine eigentliche Dimension. In beiden Fällen machen sich die Träger der Mittel, die Herren der Technik, selbständig und dienen nicht der Gesamtheit. Solange dieser Vorwurf individuell-moralisch bleibt, hat er freilich die Schwäche jedes bloßen Moralisierens. Er muß strukturell werden und fragen: Was in den Systemen legt denn die Versuchung so fast unüberwindlich nahe, daß die Mittel sich gegenüber den Zwecken verselbständigen?

Als Vermutung stelle ich die Antwort auf: Dies liegt gerade an dem technischen Charakter beider Gesellschaftssysteme, an der gedanklichen und funktionalen Trennung der Mittel von den Zwecken. Heisenberg sagt in seinem Buch »Der Teil und das Ganze« *, man müsse politische Systeme grundsätzlich nicht nach ihren Zielen, sondern nach ihren Mitteln beurteilen. Gandhi lehrt eine politische Kampfesweise, die jedes Mittel verbietet, das dem angestrebten Ziel nicht gleichartig ist; er glaubt, daß ein gewaltloser Zustand nur gewaltlos erreicht werden kann. Die linear-kausale Denkweise der Technik trennt jedoch Zweck und Mittel scharf. Sie sieht sich darin durch die klassische Naturwissenschaft bestätigt. Dies erinnert mich an eine Äußerung, die mein Onkel Viktor v. Weizsäcker mir gegenüber einmal getan hat, und die ich etwas erweitert so wiedergebe: »Kapitalismus, Staatssozialismus und klassische Physik sind alle drei derselbe Irrtum.« (Er sprach im damals vorgegebenen Kontext nicht vom Staatssozialismus.) Dies führt uns zu Gopi Krishnas Kapitelüberschrift »Der Irrtum der Wissenschaft« zurück. Die Auflösung der Wirklichkeit in ein Geflecht von Kausalfäden ist ein Irrtum. Eine Kultur, welche die Wirklichkeit so mißversteht,

* Werner Heisenberg »Der Teil und das Ganze«. Piper Verlag, München, 1969.

kann nicht anders als die Wirklichkeit zerstören, die sie zu beherrschen und zu verbessern meint.

Um nun das dialektische Denkschema noch einmal anzuwenden: Auch in der Wissenschaft ist Wahrheit. Man *kann* die Wirklichkeit objektivieren, indem man sie in ein Kausalgeflecht auflöst. Das Unternehmen ist erfolgreich; die Frage ist nur, was dabei verlorengeht. Hier müßte die Frage nach der Wahrheit der Religion einsetzen. Eine im echten wissenschaftlichen Sinn erfahrungsoffene wissenschaftliche Frage nach der Wahrheit, die in der Religion verborgen gewesen sein mag, könnte dazu führen, daß die Gegenpositionen dogmatischer Religion und dogmatischer Wissenschaft in einer neuen Wahrheit gleichermaßen »aufgehoben« würden, in dem Doppelsinne, in dem Hegel dieses Wort gebraucht: überwunden und zugleich in dem, was ihre Wahrheit war, aufbewahrt. Freilich würde diese Wahrheit voraussichtlich das dialektische Denkschema nicht mehr nötig haben, dessen Motor die begriffliche und insofern selbst objektivierende Reflexion auf die Ergebnisse der Objektivierung ist.

Gopi Krishna denkt und spricht viel einfacher und direkter. Er sieht gerade die alten Schriften der Religion erfüllt von Hinweisen auf ein geistiges Gesetz. Dieses zu entdecken, ist er einst ausgezogen. Was er heute dazu beigetragen hat, sind nicht Mutmaßungen, sondern in erster Linie der Bericht seiner persönlichen Erfahrung. Zu dieser persönlichen Erfahrung bedeuten die beiden Kapitel, die wir soeben besprochen haben, zugleich den persönlichen Hintergrund. Wie aus dem Lebensbericht in »Kundalini« hervorgeht, war das Ungenügen der Religion und der Wissenschaft gerade das, was seine jungen Jahre erfüllt hat und ihn veranlaßte, in stetiger, jeden Morgen vor Sonnenaufgang wiederholter Meditation die innere Öffnung für eine höhere, geistige Wirklichkeit zu suchen.

3. Gopi Krishnas Erfahrung

»Eines Morgens, Weihnachten 1937, saß ich mit gekreuzten Beinen im Zimmer eines kleinen Hauses in der Umgebung von Jammu, der Winterhauptstadt des Staates Jammu und Kaschmir in Nordindien. Ich meditierte, das Gesicht zum Fenster nach Osten gewendet. Die ersten grauen Strahlen der langsam sich erhellenden Morgenröte fielen in das Zimmer. Durch lange Übung war ich daran gewöhnt, stundenlang in der gleichen Stellung zu sitzen ohne die geringste Unbequemlichkeit, und ich saß da, atmete langsam und rhythmisch, richtete meine Aufmerksamkeit auf den obersten Teil meines Kopfes und versenkte mich in eine imaginäre Lotusblüte, die dort in hellem Licht erstrahlte. Ich saß unbewegt und aufrecht. Ohne Unterbrechung strömten meine Gedanken zu dem leuchtenden Lotus hin in der festen Absicht, meine Aufmerksamkeit dort zu halten, vom Abschweifen zu bewahren und sie immer wieder zurückzubringen, wenn sie sich in einer anderen Richtung bewegten. Die Intensität der Konzentration unterbrach meinen Atem, langsam wurde er so still, daß er kaum mehr wahrnehmbar war. Mein ganzes Wesen war so sehr in den Lotus eingetaucht, daß ich für mehrere Minuten hintereinander die Berührung mit meinem Körper und meiner Umgebung verlor. Während einer solchen Unterbrechung – für einen Augenblick – war es mir, als ob ich mitten in der Luft ohne irgendein Körpergefühl schwebte. Das einzige, dessen ich gegenwärtig wurde, war ein Lotus in hellem Glanz, der Strahlen von Licht aussandte. Diese Erfahrung haben viele Menschen gemacht, die in dieser oder anderer Form sich für eine längere Zeit regelmäßig in der Meditation geübt haben. Aber, was sich an diesem schicksalhaften Morgen bei mir ereignete und mein ganzes Leben wandelte, mögen nur wenige erlebt haben. Während eines Augenblicks der starken Konzentration fühlte ich etwas Seltsames unten an der Wirbelsäule, gerade dort, wo ich den Boden berührte. (Ich saß im Schneidersitz auf einer gefalteten Decke auf dem Boden.) Die Sensation war so außerordentlich und so wonniglich, daß ihr meine

Aufmerksamkeit folgen mußte. In dem Augenblick, in dem sich meine Konzentration nicht mehr auf den Lotus richtete, auf den Punkt, auf den sie eingestellt war, hörte die Empfindung plötzlich auf. Ich dachte, dies könnte nur Täuschung sein, von meiner Phantasie hervorgerufen, und schlug mir die ganze Sache aus dem Kopf. Dann brachte ich meine Aufmerksamkeit zurück an den Punkt, von dem sie abgeschweift war. Ich konzentrierte mich wieder auf den Lotus, und als das Bild auf dem Scheitel meines Kopfes klar und ganz deutlich wurde, hatte ich erneut die gleiche Empfindung. Dieses Mal versuchte ich, meine Aufmerksamkeit nicht schweifen zu lassen und war für einige Sekunden erfolgreich, aber die Empfindung, die von unten immer höher nach oben wanderte, war so intensiv, so ungewöhnlich und stellte alles bisherige in den Schatten, daß trotz aller meiner Anstrengung meine Gedanken sich darauf richteten. Im selben Augenblick verschwand sie wieder. Nun war ich davon überzeugt, daß mir etwas Außerordentliches widerfahren war und daß hierfür meine täglichen Konzentrationsübungen verantwortlich waren.

Ich hatte wunderbare Berichte von gelehrten Männern über große Wohltaten als Ergebnis der Konzentration gelesen und über geheimnisvolle Kräfte, die die Yogis durch solche Übungen erlangt hatten. Mein Herz begann wie wild zu schlagen, und ich fand es schwierig, meiner Aufmerksamkeit den notwendigen Grad der Zielgerichtetheit zu geben. Aber nach einer Weile wurde ich ruhig und fand mich bald in tiefer Meditation. Als ich vollkommen versunken war, erfuhr ich die gleiche Empfindung, aber diesmal nahm ich meine ganze Kraft zusammen, um meine Gedanken auf dem Punkt zu halten, auf den ich sie eingestellt hatte. Mit großer Disziplin blieb meine Aufmerksamkeit dort gebannt. Die Empfindung stieg wieder nach oben, wuchs an Intensität, und ich fühlte, wie ich zu schwanken begann. Mit großer Mühe konzentrierte ich mich wieder auf den Lotus. Plötzlich fühlte ich einen Strom flüssigen Lichtes, tosend wie einen Wasserfall, durch meine Wirbelsäule in mein Gehirn eindringen.

Ganz unvorbereitet auf ein solches Geschehen, war ich völlig überrascht. Ich blieb in derselben Stellung sitzen und richtete meine Gedanken auf den Punkt der Konzentration. Immer strahlender wurde das Leuchten, immer lauter das Tosen. Ich hatte das Gefühl eines Erdbebens, dann spürte ich, wie ich aus meinem Körper schlüpfte, in eine Aura von Licht gehüllt. Es ist unmöglich, dieses Erlebnis genau zu beschreiben. Ich fühlte, wie der Punkt meines Bewußtseins, der ich selber war, immer größer und weiter wurde und von Wellen des Lichtes umgeben war. Immer weiter breitete es sich nach außen hin aus, während der Körper, normalerweise der erste Gegenstand seiner Wahrnehmung, immer mehr in die Entfernung zu rücken schien, bis ich seiner nicht mehr bewußt war. Ich war jetzt reines Bewußtsein, ohne Grenze, ohne Körperlichkeit, ohne irgendeine Empfindung oder ein Gefühl, das von Sinneswahrnehmungen herrührte, in ein Meer von Licht getaucht. Gleichzeitig war ich bewußt und jedes Punktes gegenwärtig, der sich ohne jede Begrenzung oder materielles Hindernis gleichsam in alle Richtungen ausbreitete. Ich war nicht mehr ich selbst, oder genauer: nicht mehr, wie ich mich selber kannte, ein kleiner Punkt der Wahrnehmung, in einen Körper eingeschlossen. Es war vielmehr ein unermeßlich großer Bewußtseinskreis vorhanden, in dem der Körper nur einen Punkt bildete, in Licht gebadet und in einem Zustand der Verzückung und Glückseligkeit, der unmöglich zu beschreiben ist.

Nach einer Weile – wie lange es gedauert hat, wüßte ich nicht zu sagen – begann der Kreis wieder enger zu werden. Ich fühlte, wie ich mich zusammenzog und immer kleiner wurde, bis ich der Grenzen meines Bewußtseins erst dumpf, dann klarer bewußt wurde. Als ich in meine alte Beschaffenheit zurückschlüpfte, nahm ich plötzlich wieder den Lärm auf der Straße wahr, fühlte ich wieder meine Arme, meine Beine und meinen Kopf und wurde wieder mein enges Selbst in Kontakt mit Körper und Umgebung. Als ich meine Augen öffnete und um mich blickte, fühlte ich mich ein wenig schwindelig und verwirrt, als ob ich aus einem seltsamen Land zurückkehrte, das mir ganz fremd gewesen war.

Die Sonne war aufgegangen und schien mir voll ins Gesicht, warm und angenehm. Ich versuchte meine Hände zu heben, die während der Meditation übereinander in meinem Schoß ruhten. Meine Arme fühlten sich lahm und leblos an. Mit Mühe erhob ich sie und streckte sie aus, um das Blut frei fließen zu lassen. Dann versuchte ich, meine Beine aus der Stellung zu befreien, in der ich gesessen hatte und sie in eine bequemere Lage zu bringen, aber ich vermochte es nicht. Sie waren schwer und steif. Mit Hilfe meiner Hände befreite ich sie und streckte sie aus, dann lehnte ich meinen Rücken gegen die Wand und entspannte mich in einer leichten und angenehmen Art.«

Mit diesem Bericht beginnt das Buch »Kundalini«. Es schien mir notwendig, ihn wörtlich zu zitieren, wenn auch dadurch die Lektüre des ganzen Buches, dem er entstammt, nicht ersetzt, sondern eher zu ihr angereizt werden soll. Auf die Gefahr hin, Evidentes auszusprechen, möchte ich den Leser auf ein paar Züge des Berichts aufmerksam machen. Zunächst die Genauigkeit der Selbstbeobachtung, zumal der physischen Beschreibung. Der Autor bleibt orientiert, der Leser wird orientiert. Jahr und Jahreszeit, Ort und Tageszeit, Körperhaltung und Bewußtseinsinhalt sind registriert. Der physiologische Ort des Geschehens ist das Zentralnervensystem: Wirbelsäule und Gehirn. Am unteren Ende des Rückens meldet sich die Empfindung, eine Antwort auf die Konzentration des Bewußtseins auf die oberste Krönung des Gehirns. Nach mehrerem Hin und Zurück bricht sie »wie ein Strom tosenden Lichts« hinauf ins Gehirn durch. Nun wird das Bewußtsein räumlich viel größer als der Körper, die Körperlichkeit verschwindet, Licht und unaussprechliche Seligkeit wird erfahren. Auch die Zeit ist nicht mehr da – »wie lange es gedauert hat, wüßte ich nicht zu sagen« – und »nach einer Weile« zieht sich der Kreis zusammen, das Bewußtsein wird seiner Grenzen wieder bewußt, er öffnet die Augen, und das Ganze hat einen Bruchteil der in den Tropen so kurzen Spanne von der Morgendämmerung zum Sonnenaufgang eingenommen. Mühsam wird er wieder Herr seiner Glieder, der Arme, der Beine; den Rücken lehnt er entspannt an die Wand.

Bald hierauf folgt im Text, den ich hier nicht mehr abdrucke, die Skizze der objektiven Voraussetzungen des Vorgangs: die siebzehnjährige vorangegangene Meditationspraxis, das objektive Symbol des göttlichen Bewußtseins im Bilde des den Kopf krönenden tausendblättrigen Lotus, die alte Überlieferung der am unteren Ende der Wirbelsäule in dreieinhalb Windungen eingerollt schlafenden »Schlangenkraft« Kundalini, die erweckt werden kann und dann das Bewußtsein verwandelt. Vor diesem Hintergrund sei in dem Bericht, den wir soeben gelesen haben, auf das dreigipflige Frage- und Antwortspiel zwischen dem menschlichen Bewußtsein, dem unbewegten Lotus und der erwachenden Schlange aufmerksam gemacht. Das Bewußtsein konzentriert sich auf nichts als den Lotus. Siebzehn Jahre der Reinigung und Festigung dieser Konzentration sind notwendig gewesen, damit sich die Schlange aus ihrem Schlaf rührte. Die Beseligung ihres Erwachens, als physische Sensation erfahren, lenkt das Bewußtsein vom Lotus ab, und siehe, die Schlange erstarrt, das Erlebnis verschwindet. Nicht auf sich will die Schlange den Blick gerichtet sehen, sondern unerschütterlich nur auf den Lotus. Da das Bewußtsein das endlich leistet, steigt sie durch den Sitz des Bewußtseins im Sturm zum Lotus auf. Wenn es erlaubt ist, für den westlichen Leser als Wink die Worte Lotus, Bewußtsein, Schlange für einen vorübereilenden Augenblick durch die für uns so abgeblaßten Begriffe unserer Metaphysik Gott, Mensch, Natur zu ersetzen, so müßten wir buchstabieren: Die Natur sucht die Einigung mit Gott durch den Menschen und in dem Menschen, der nicht auf sie, sondern nur auf Gott schaut. Wer ihr diesen Weg eröffnet, den erfüllt sie mit dem Sturm ihrer Seligkeit, mit der Realisierung eines neuen Bewußtseinsfeldes*.

* Es sei freilich bemerkt, daß nach der Schultradition des Kundalini-Yoga die Schlangenkraft auch zu niedrigeren Zentren und damit zu niedrigeren Zielen erhoben werden kann, so zu einer bloßen Steigerung der sexuellen oder vitalen Persönlichkeit. Gopi Krishna selbst erklärt diesseitige – z. B. künstlerische oder wissenschaftliche Genialität – durch eine Erhebung der Kundalini zum zweithöchsten Zentrum. Nur die Erhebung zum höchsten Zentrum aber führt nach der Tradition zum mystischen Bewußtsein.

All dies hat Gopi Krishna in diesem Augenblick offensichtlich nicht gedacht, sondern als unerklärtes Faktum erlebt.

Wer meint, hier eröffne sich dem Verfasser ein Weg des Glücks, der hat die Hinweise, die schon im oben abgedruckten Text stehen, nicht genau gelesen. Nach dem Erlebnis sind die Glieder starr und unbrauchbar. Der Text des Buches schildert weiter, wie der Tag in Unruhe und Erschöpfung verging, der Schlaf in der folgenden Nacht nicht kommen wollte, wie eine schwächere Wiederholung des Erlebnisses am nächsten Morgen noch mehr Zerschlagenheit hinterließ und nach wenigen Tagen die Fähigkeit zur Konzentration und damit sowohl die neue Beseligung wie der bisherige wohlgeordnete Alltag verloren ging. Was blieb, war ein immer wachsender innerer Feuerstrom in allen Nerven, Erregung der Sexualregion, dröhnende Töne, ein Wirbel kupferfarbener durcheinanderrasender Lichter, eine unerträgliche, trockene, brennende innere Helligkeit bei Tag und bei Nacht. Zu seinem Entsetzen gingen ihm selbst die elementaren Empfindungen menschlichen Kontakts, der Liebe zu Frau und Kindern verloren. Die Schilderung dieses Vorgangs im Buch erscheint gerade darin genau, daß sie nicht die deutliche Gliederung des eingangs abgedruckten Stücks besitzt, sondern in nichtendender, verwirrender Wiederholung diese tödlich qualvollen Sensationen und den Kampf beschreibt, den die bewußte Persönlichkeit des Verfassers mit unglaublicher äußerer Beherrschung (nur *einem* Menschen erzählte er damals, was in ihm vorging), aber dem Gefühl abnehmender Kraft zwei Monate lang gegen diesen Wirbel führte.

Mit allen ihm verfügbaren intellektuellen Mitteln suchte er sich klarzumachen, was mit ihm geschah. In der ihm zugänglichen Yoga-Literatur fand er die Beschreibung der Erweckung der Kundalini, in der er, ständig zweifelnd, doch mit wachsender Überzeugung sein Erlebnis wiedererkannte. Aber die Literatur, welche diesen Vorgang als Verleihung höherer Kraft pries, enthielt nur leise Andeutungen der mit ihm verbundenen Gefahren. Sie wußte von drei Kanälen, durch welche die Kraft aufsteigen kann: den zentralen, ihr eigentlich bestimmten, Su-

sumna genannt, und zwei seitliche, die Gopi Krishna heute dem sympathischen und antisympathischen Nervensystem zuordnet, von denen der rechte, Pingala, der Sonne, der Hitze und Erregung zugeordnet wird, der linke, Ida, dem Mond, der Kühle und Dämpfung. Steigt die Kraft durch einen der Nebenkanäle einseitig auf, so kann sie durch »Hitze« oder »Kälte« tödlich sein. In seiner körperlichen Verfassung war, wie er heute sagt, in der Jugend stets die heiße Seite überstark, die kühle unangeregt. Ihm kam in seiner höchsten Not, in der er nur den Wahnsinn als Ende vor sich sah, der Gedanke, die Potenz sei bei ihm nur durch den heißen Kanal aufgestiegen, und mit aller verbleibenden Kraft des Bewußtseins konzentrierte er sich auf die linke, kühle Seite. »Da, als hätte es auf diesen schicksalhaften Augenblick gewartet, geschah ein Wunder. Es entstand ein Ton, als reiße ein Nervenfaden entzwei. Sofort lief eine silberne Ader zickzack durch die Wirbelsäule, genau wie die gewundenen Bewegungen einer weißen Schlange in schnellem Flug, die einen leuchtenden, springbrunnenartigen Schauer von strahlender Lebenskraft in mein Gehirn führte.« Er war gerettet, der Schlaf kam wieder, und eine langsame Gesundung.

Ich übergehe die lange, von theoretischen Betrachtungen durchsetzte Schilderung der nachfolgenden zwölf Jahre. Der innere Strom, die physische und psychische Umwandlung ging weiter, während er äußerlich ein normales, aber anfälliges und etwas reduziertes Leben führte. Menschliche Wärme und Pflichterfüllung kehrten zurück. Die Nähe zu seiner Frau, die hingebend für ihn sorgte, rettete ihn in wiederkehrenden Krisen. Aber noch zehn Jahre später, als seine Tochter verheiratet wurde, konnte er, wie mir sein Schwiegersohn erzählt hat, seiner Familie keine sichtbare Nähe zuwenden. Einige beglückende Veränderungen stellten sich schließlich ein, so eine Verwandlung der inneren Lichterlebnisse in eine konstante Wahrnehmung aller Farben der äußeren Welt in einem neuen, deutlichen Glanz. Ein Versuch, die Meditation wieder aufzunehmen, endete nach kurzem Glück des Besitzes in einer erneuten, noch tieferen Katastrophe. Einen Meister, der ihn hätte führen können, fand er nicht. Die Frage lastete auf seinem Gemüt, ob die Verwandlung seiner inneren Erlebensweise, die keinem Mitmenschen nützte, denn die lebenslange Bemühung gelohnt, ob diese nicht vielmehr eigentlich ihm ein sinnvolles Leben verdorben habe. Die englische Ausgabe von »Kundalini« enthält einen fortlaufenden Kommentar von J. Hillman, der diese gesamte Entwicklung behutsam in Begriffen der Jungschen Psychologie nachzeichnet. Gopi Krishnas eigene Interpretation ist in beiden Büchern im Umriß gegeben; ihr müssen wir uns in den nachfolgenden Abschnitten zuwenden.

Der endgültige Übergang in ein gesichertes, weltoffenes aber nicht weltabhängiges höheres Bewußtsein geschah Anfang 1950 in einer nochmals völlig überraschenden Wendung im Zusammenhang mit inspiriertem Schreiben. Gopi Krishna hatte ganz aufgehört, aktiv zu meditieren, aber er ließ sich dann und wann ohne Anstrengungen in das Meer des ihn umgebenden Bewußtseins versinken. Er hatte sich nie für Dichtung interessiert. Nun fühlte er einen Drang danach, sagte mystische Reime, die er liebte, vor sich hin, versuchte zu schreiben, und eines Tages, mitten auf einer Brücke zwischen den Menschen, flossen ihm, »in einer machtvollen Gegenwart, die aus dem Nichts aufgetaucht war und mich umfaßte und alle Gegenstände überschattete, die um mich waren, ... zwei Zeilen eines wunderbaren Verses in Kaschmiri ... vor meinen Augen vorbei wie ein leuchtendes Schreiben in der Luft, das ebensoschnell verschwand, wie es gekommen war.« Am selben Tag trat er in ein kosmisches Bewußtsein ein, in dem alles, was im ersten Erlebnis vor zwölf Jahren explosiv feurig war, nun »wie ein von innen her bewegtes Meer des Lebens« die eigentliche Wirklichkeit wurde (S. 172). Ich gebe die Beschreibung dieses Bewußtseins hier nicht wieder, wir werden auf es zurückkommen; denn es ist eigentlich nicht mehr Biographie, sondern die Sache selbst. Aber aus dieser Erfahrung heraus begann Gopi Krishna nun zu dichten.

Zuerst kamen ihm die Reime, die dem Vers folgten, den er auf der Brücke vor Augen gesehen hatte. Dann schrieb er weitere kaschmirische Verse. Nach vierzehn Tagen wechselte die Sprache und an Stelle von Kaschmiri erschienen die Reime in englischer Sprache. Einige Tage später erschienen Gedichte in Urdu, dann in Punjabi. Alle diese Sprachen kannte er. »Doch meine Überraschung kannte keine Grenzen, als ich einige Tage später die Weisung bekam, ich solle mich vorbereiten, Verse auf Persisch zu empfangen. Ich hatte niemals diese Sprache gelesen, konnte sie auch nicht im mindesten sprechen. Ich wartete in atemloser Erregung, und es blitzten unmittelbar nach diesem Vorzeichen einige persische Verse vor meinen Gedanken auf... Da die Kaschmir-Sprache reich an persischen Worten ist, fiel es mir leicht, solche zu verstehen, die in meiner Muttersprache geläufig sind. Nach einem genügenden Maß an Anspannung und Bemühung gelang es mir, endlich die Zeilen niederzuschreiben. Aber es blieben viele weiße Stellen, die erst sehr viel später ausgefüllt und richtiggestellt werden konnten.« (S. 176). Dann folgte ein Gedicht in der – wie ich bestätigen kann – ihm auch heute im Bewußtsein ganz unbekannten deutschen Sprache, ein französisches und ein italienisches, schließlich einige Verse in Sanskrit.

Ich sehe den unwiderstehlich aufsteigenden Unmut des wissenschaftlich geschulten Lesers, denn ich habe diesen Unmut bei der Lektüre des Berichts genau so empfunden. Man ist bereit, die Geschichte einer an die Psychose grenzenden zwölfjährigen Integrationskrise einer sensitiven Persönlichkeit zu lesen, und man ist auch bereit, zu glauben, daß der Mann, der eine solche Krise durcherlebt hat, einiges weiß, was für uns andere von großer Wichtigkeit sein kann. Aber warum muß diese Geschichte in Mirakeln auslaufen? Was würde uns an einer reifen und inspirierten Persönlichkeit fehlen, wenn sie Gedichte in eben den Sprachen schriebe, die sie gelernt hat? Meine wissenschaftliche Skepsis, die an der Psychologie der Zeugenaussage geschult ist, ist nicht leicht zu überwinden. Ich gestehe offen, daß ich an dieser Stelle des Buchs zum erstenmal beim Lesen das Gefühl hatte: »Hier geht die erinnernde Phantasie mit dem Autor durch; das deutsche Gedicht möchte ich erst einmal sehen, ehe ich ihm glaube.«

Aber ich muß den Tatsachen die Ehre geben. Inzwischen hatte

ich die Gedichte gesehen, denn sie wurden 1952 in einem Privatdruck gedruckt. Das deutsche Gedicht ist alles andere als ein vollkommenes Diktat einer nach menschlichen Maßen perfekten höheren Intelligenz. Es ist, wenn man so will, rührend. Es ist, in holprigem, des Ausdrucks kaum mächtigem, an den Volksliedton anklingendem Deutsch die naive Mitteilung einer fraglosen Erfahrung. Ich fühle mich angesichts des Zynismus intellektueller Kritik nicht ermächtigt, heute und hier das ganze Gedicht abzudrucken. Einige herausgerissene Zeilen als Beleg:

»Ein schöner Vogel immer singt
In meinem Herz mit leisem Ton...
...Und wenn vergießt der Nachtwind auf
Die grünen Gräser seine Tränen,
...dann der Vogel wacht.«

Wie dies volksliedhaft deutsch, ist das italienische Gedicht volksliedhaft italienisch und reimt cuore auf amore. Im Englischen aber spricht er im Ton der großen Prophetie, wenngleich auch hier naiv reimend, die moralische Forderung an die Völker der Welt aus:

O people of the world unite
And pave the way to peace sublime;
Divided you yourself invite
Disastrous wars, unrest and crime.

Wie ist dieser poetische Vorgang möglich, und wozu ist er gut? Ich weiß es nicht. Verehrung dem Unbegriffenen!

Hier schließt nun biographisch das kraftvolle, weltlich-weise Leben in seiner Gemeinschaft an, von dem ich im ersten Kapitel dieser Einleitung berichtete, ein Beleg der Gesundung, des klaren Verstandes. Hier schließt auch das Studium der Yoga-Tradition an, um aus ihr das glaubwürdig Erfahrene herauszuheben. Ihr folgt der im siebten Lebensjahrzehnt unternommene Versuch, die westliche Wissenschaft, zumal die Medizin, auf diese Phänomene und ihre Wichtigkeit aufmerksam zu machen. Schließlich knüpft hier auch ein späteres, formal viel vollkommeneres großes englisches prophetisches Gedicht an, das die Schrecken des Kriegs schildert, den die heutige Menschheitsentwicklung zwangsläufig heraufführen muß. Es ist, nach seiner eigenen mündlichen Erläuterung, nicht eine faktische Prophetie, welche das Zukünftige wie schon Geschehenes abliest, sondern eine Schilderung der unausweislichen Konsequenzen dessen, was heute geschieht. Davon war schon in meinem ersten Gespräch mit ihm die Rede. Er sagte damals in aller Einfachheit: »Die Völker der Erde werden vereinigt werden. Aber Krieg ist unvermeidlich.« Er meinte einen Weltkrieg. Er sprach aus, was ich seit langem fühle, aber nicht in Bestimmtheit zu denken gewagt habe. Man darf es in der Tat nicht anders denken als: »Krieg ist unvermeidlich, wenn nicht das Notwendige geschieht.« Aber was ist das Notwendige?

Im Blick auf diese Frage verstehen wir Gopi Krishnas Drängen, der Welt das zu bringen, was er als das Notwendige erfahren hat. Seine Lebensgeschichte ist nur dann mehr als ein Stück gut ausgegangener Pathographie, wenn sie Erfahrungsmaterial zum Verständnis von etwas Objektivem bietet. Dieses Objektive ist nicht einfach der moralische Appell, dessen Wirkungslosigkeit uns bekannt ist. Die Frage ist: warum handeln Menschen moralisch oder unmoralisch? Es handelt sich in seiner eigenen Ansicht um ein geistiges Gesetz (Spiritual Law). Das Besondere seiner Ansicht ist, daß dieses geistige Gesetz zugleich ein biologisches Gesetz ist. Deshalb haben wir es in der Ebene unserer naturwissenschaftlichen Fragestellungen zu prüfen. Unabhängige Prüfung jeder einzelnen seiner Behauptungen ist es, worauf er mit Ungeduld drängt. Er denkt vor allem an empirische Prüfung. Wer die westliche Wissenschaft kennt, weiß, daß sie fast nur dasjenige empirisch zu Gesicht zu bekommen vermag, worauf sie theoretisch – wenigstens in der Begrifflichkeit der Fragestellung – vorbereitet ist. Dieser theoretischen Vorbereitung dient, was ich hier schreibe.

4. *Der biologisch-medizinische Aspekt*

Gopi Krishnas biologische Ansicht läßt sich begrifflich knapp zusammenfassen. Das spirituelle Gesetz ist seinem Wesen nach zugleich ein biologisches Gesetz. Es ist das Gesetz der Entwicklung. Er spricht es, soweit ich sehe, nirgends in Urteilsform aus, aber es besagt jedenfalls, daß sich das Niedrigere zum Höheren weiterentwickeln soll und tatsächlich entwickelt. Um sich den Vorgang dieser Entwicklung begreiflich zu machen, braucht er zwei Begriffe aus der indischen Denktradition: Prana und Kundalini.

Prana ist die alldurchdringende subtile Lebenssubstanz. Prana ist materiell; fein-stofflich, wie man gelegentlich sagt. Auf diese Materialität des Prana legt Gopi Krishna großen Wert, und er zitiert als Beleg im Gespräch gern die stehende Rede der Upanischaden: »Prana entsteht aus Nahrung«. Zugleich erscheint Prana aber als eine der Seele zugehörige Substanz; nach Gopi Krishnas eigener Darstellung wird Prana zur Nahrung des sich entwickelnden menschlichen Bewußtseins. Prana ist schließlich etwas wie die allgegenwärtige Energie der höchsten kosmischen Intelligenz; Prana baut das Lebendige sinnvoll, nach einem uns verborgenen, aber wenigstens ahnenden Blick sich teilweise erschließenden Plan.

Ehe er weiterliest, wird der westliche Wissenschaftler angesichts eines solchen Begriffs schon seine Verwirrung bekennen, eine Verwirrung, die er, solange er sich seiner eigenen begrifflichen Grundlage sicher fühlt, unbefangen jenen vorwissenschaftlichen Hindu-Lehren in die Schuhe schiebt. Unsere Naturwissenschaft, wenigstens unsere Biologie und Medizin, steht heute methodisch streng auf dem Standpunkt der cartesischen Trennung von Materie und Bewußtsein. Solange sie an die methodische Notwendigkeit dieser Trennung glaubt, wird sie sagen: »Wenn Prana eine Materie sein soll, so haben wir Begriffe wie Bewußtsein von ihr fernzuhalten; umgekehrtenfalls gehört Prana in den Bereich der Psychologie und hat nichts mit Physik zu tun.« Nun ist freilich dieser Standpunkt ein Relikt einer

Denkweise, deren begriffliche Brüchigkeit auch viele derjenigen fühlen, die sie nicht durch eine bessere zu ersetzen wissen. Die Physik steht seit der Quantentheorie nicht mehr auf diesem Standpunkt, hat aber sichtbare Schwierigkeiten, einen besseren zu formulieren. Dem kybernetischen Versuch, psychische Phänomene in materiellen Modellen zu simulieren, liegt ein schwer artikulierbarer Einheitsglaube zugrunde. Schließlich halte ich es nicht für einen Mangel, daß es in der Praxis der Verhaltensforschung faktisch fast nie glückt, eine rein behavioristische Sprechweise durchzuhalten und alle »subjektiven« oder »anthropomorphen« Ausdrücke zu vermeiden; hier ist m. E. wie so häufig, die Praxis gescheiter als die Theorie, in der sie sich selbst auslegt.

Ich werde auf diese Frage im 7. Kapitel (Physik und Zeit) zurückkommen und bitte den Leser, hier zunächst nur ein Problem anzumerken und im jetzigen die Fragen exponierenden Kapitel, zunächst (wenn er noch Lust hat) weiterzulesen.

Die evolutive Potenz heißt Kundalini. Sie hängt aufs engste mit der sexuellen Potenz zusammen. Dies ist schon in der Lage der »Schlange« in nächster Nachbarschaft der Geschlechtsorgane angedeutet. Diese Entwicklungskraft wirkt in wenigstens zwei getrennten Stufen. Bei den Tieren wirkt sie direkt durch die sexuelle Fortpflanzung. Bei ihnen sind die höher Entwickelten die physischen Nachkommen von niedriger Entwickelten. Beim Menschen gibt es die Entwicklung des Bewußtseins, das sich in jedem Individuum auf der Basis seiner körperlichen Ausstattung, insbesondere des Nervensystems, von neuem aufbaut. Diese Bewußtseinsentwicklung hat selbst zwei Stufen. Das normale Ichbewußtsein ist heute Allgemeinbesitz der Menschen; aber Gopi Krishna wirft einen hypothetischen Blick auf jene prähistorische Zeit, in der dieses Bewußtsein in höheren Anthropoiden vielleicht auch nur sporadisch und wie eine Abirrung von der Normalität hervortrat. Das höhere Bewußtsein hingegen deutet sich heute ebenso nur in einzelnen genialen oder mystisch begabten Individuen an, die sich unter ihren Mitmenschen und gegenüber ihren eigenen, von der Umwelt geprägten gesellschaftskonformen Vorstellungen oft ebenso verloren und heimatlos vorkommen und von dorther ebenso mißbilligt werden wie H. C. Andersens »häßliches junges Entlein« im Hühnerhof. Daß nun auch die Bewußtseinsentwicklung von den in der Kundalini enthaltenen sexuellen Kräften gespeist wird, ist Gopi Krishnas These. S. 79–86 des vorliegenden Buches beschreibt er, wie, nach seiner eigenen leiblichen Erfahrung, die Samensubstanz oder ihr Prana das Nervensystem durchdringt und die zu Instrumenten des höheren Bewußtseins heranreifenden Nerven nährt.

Der moderne Wissenschaftler wird bei dieser Beschreibung wieder an ein paar Stellen den Atem anhalten und sich fragen, ob er weiter folgen soll. Versuchen wir, die Fragen aufzugliedern.

Daß die Entwicklung der Tiere durch physische Abstammungsreihen erfolgt, ist eine These der europäischen Wissenschaft seit dem 19. Jahrhundert, die Gopi Krishna ebenso wie andere evolutionistische indische Denker unseres Jahrhunderts (vor allem Sri Aurobindo) schlicht übernimmt. Die Vorstellung, es gebe eine besondere »Kraft der Evolution«, steht hingegen im Gegensatz zur herrschenden Lehre in der heutigen Biologie, der Darwinschen Selektionstheorie. Hier liegt ein sehr subtiles theoretisches Problem verborgen, das ich erst im 6. Kapitel aufnehmen will. Der moderne Biologe wird sich aber vorerst an Gopi Krishnas Sprechweise durch eine Umbenennung akklimatisieren können. Das materielle Substrat der Entwicklung sind für die heutige Genetik die Chromosomen. Diese werden von Generation zu Generation durch die Geschlechtszellen weitergegeben, und in diesem Sinne ist bei den Tieren die materielle »Kraft der Entwicklung« in den Geschlechtsorganen lokalisiert.

Daß beim Menschen, unbeschadet der Möglichkeit auch weiterer biologischer Evolution, die Entwicklung, oder wie wir sagen, der Fortschritt im Bewußtsein liegt, daß es »die Natur des Menschen ist, Geschichte zu haben«, macht uns, so empfinden wir, keine Denkschwierigkeiten. Unter dem Einfluß soziologischen Denkens sehen wir diese Entwicklung vor allem in der Umbildung und Neubildung kultureller, gesellschaftlich überlieferter Traditionen. Darüber, daß es solche gesellschaftliche Entwicklung gibt, sind beide Seiten einig. Gopi Krishnas Interesse liegt aber nicht bei den sozialen Interaktionen, in denen diese Entwicklung zustande kommt, sondern in einer Weise, die man ebensowohl personal wie biologisch nennen kann, bei dem individuellen Bewußtsein als Träger dieser Entwicklung. Hier weicht er nun von der herrschenden Lehre des modernen soziologisierten Westens in zweifacher Weise ab, einer milderen und einer schärferen. Die mildere Abweichung: im Einklang mit unserer klassischen Geschichtsschreibung betont er stärker als unsere Gegenwart die historische Rolle großer Persönlichkeiten, ohne sie doch aus dem gesellschaftlichen Prozeß zu isolieren. Hierin spiegelt sich z. T. gewiß die Bewußtseinslage derjenigen historischen Wissenschaft, die auf seine Bildung in der Jugend eingewirkt hat. Andererseits handelt es sich für ein abgewogenes Urteil hier um eine Differenz in Nuancen. Wer dürfte, um bei unserem Jahrhundert zu bleiben, die geschichtsbeeinflussende Kraft so entgegengesetzter Persönlichkeiten wie Gandhi und Hitler leugnen, oder die Prägung der Gedanken und Verhaltensweisen der Jahrhunderte durch Kant oder Marx, durch Platon und Shankara, durch Christus und Buddha?

Die schärfere Abweichung ist, daß er eine physiologisch beschreibbare Evolution des Organs des Bewußtseins in den Mittelpunkt seiner ganzen Betrachtung stellt. Von einer solchen Evolution weiß unsere Wissenschaft nichts. Hier ist der Turnierplatz. Wir treten in die Kämpfe durch ein Vorgefecht ein, in dem wir zunächst eine unserem Denken assimilierbare, ja frappierende Parallele hervorheben. Denken wir rein psychologisch (was Gopi Krishna freilich nicht tut), so muß uns seine These von der fundamentalen Bedeutung der Sexualität für den Bewußtseinsaufbau unmittelbar an die Lehre Freuds erinnern. Wo Gopi Krishna in einer dem Psychologen rein symbolisch vorkommenden Sprache vom Aufsteigen der Samenflüssigkeit spricht, spricht Freud von der Sublimierung der Libido. Das ist abstrakter und verschleiert ein wenig die Verwendung genau gleichartiger Begrifflichkeit: Libido behandelt Freud wie eine Substanz, für die ein Erhaltungssatz gilt, und was heißt Sublimieren, wenn nicht Emporheben? Interessanter als diese noch rohe

Parallele ist aber der Unterschied beider Auffassungen. Für Gopi Krishna ist die Evolution letzten Endes durch ihr Ziel bestimmt; die sexuelle Potenz ist ihm »Nahrung« einer höheren Struktur. Freud hingegen hängt einem »psychologischen Reduktionismus« an. Die Kultur, die er liebt und verteidigt, ist ihm doch »eigentlich« sublimierte Libido, so wie für die klassischen Atomisten ein Kristall »eigentlich« eine Menge regelmäßig angeordneter Atome ist, und für die biologischen Physikalisten ein Paradiesvogel »eigentlich« ein Regelsystem aus organischen Molekülen.

Nun bin ich zwar der Meinung, daß dieser Gegensatz sehr schwer sauber zu artikulieren ist und vielleicht bei präzisem Nachdenken ganz verschwindet. Aber die Mängel der streitenden Vertreter beider Seiten in ihrer Auffassung der Wirklichkeit beruhen meist gerade darauf, daß sie dieses präzise Nachdenken nicht leisten. Dieser Mangel führt bei Freud dazu, daß seine reduktionistische Theorie nicht auf dem begrifflichen Niveau steht, das nötig wäre, seine eigene Praxis zu interpretieren. (Vgl. dazu den hochinteressanten Schlußteil von J. Habermas »Erkenntnis und Interesse«.) Die psychoanalytische Heilung einer Neurose beruht darauf, daß der Patient die ihn bedrängenden Zwänge als seine eigenen Taten erkennt und auf sich nimmt. Er muß in seinem Unbewußten sich selbst erkennen. Solange er sagt: »Das hat man mir angetan« oder »So ist eben die Triebstruktur«, wird er nicht geheilt; er muß erkennen: »Das habe ich selbst gewollt«, »Das bin ich«. Man kann auch sagen, die Heilung geschehe nur durch die Wahrheit. »Ich« und »Wahrheit« aber sind »höhere« Begriffe verglichen mit »Sexualität« oder »Libido«; »Höher« kann dabei formal dasjenige genannt werden, was größere Komplexität zu einer Einheit zusammenfaßt. Die »Reduktion« des Höheren auf das Niedere wird dort gefährlich, wo sie uns daran hindert, die der höheren Einheit adäquaten Begriffe zu verwenden. Auch hierauf komme ich im 6. Kapitel zurück. Gopi Krishnas »finalistische« Denkweise vermeidet, wenn sie auch naturwissenschaftlich noch ganz ungeklärt ist, jedenfalls diese Gefahr.

Aber nun hat Freuds Sexualitätsthese selbst in der Psychoanalyse an Gewicht verloren. Man fühlt sich bei Gopi Krishna im einzelnen auch eher an die späte Lehre von Wilhelm Reich erinnert, die mir aber der von Gopi Krishna interpretierten indischen Tradition auch eher unterlegen als überlegen scheint. Alle diese Vergleiche verwischen jedoch die Grunddifferenz, daß bei Gopi Krishna die sexuelle Substanz nicht als »Wesen«, sondern als »Nahrung« des Bewußtseins erscheint und daß sein Bild der Vorgänge physiologisch ist und Anspruch auf physiologische Nachprüfbarkeit erhebt. Immer wieder kommt bei ihm der Gedanke: Kein Naturwissenschaftler wird an der Realität dieser Vorgänge zweifeln, wenn er sie einmal beobachtet und gemessen hat.

Ist hier aber nicht der Konflikt am Ende unvermeidlich und unüberbrückbar? Was soll sich ein Physiologe bei der These vorstellen, die Samensubstanz wandere entlang den Nervenbahnen ins Gehirn? Und wie soll hier noch der physiologischen Verschiedenheit männlicher und weiblicher Sexualität Rechnung getragen werden? Die Sache wird für den westlichen Wissenschaftler noch schlimmer, wenn er die Nachbarschaft dieser Gedanken zu indischer Volksmeinung gewahr wird, nach der sexuelle Enthaltung wertvoll sei, damit möglichst viel Samen im Gehirn gespeichert werden und dort als Kraftquelle wirken kann (vgl. dazu Medard Boss, Indienfahrt eines Psychiaters, Herder Bücherei Nr. 243, Herder, Freiburg/Br., und G. Morris Carstairs, The Twice-Born, Indiana University Press, Bloomigton, Indiana, USA, 1957). Hierauf ist nun die Antwort unseres Autors, daß nicht die Samenzellen strömen, sondern das zugleich mit ihnen erzeugte besondere Prana.

Diese Antwort entweicht zwar aus der Stelle des Konflikts, aber damit zugleich zunächst auch aus der Stelle der Nachprüfbarkeit. Samenzellen hätte man beobachten können, aber man fühlt sich a priori sicher, daß man sie in den Nervenbahnen nicht finden wird. Was Prana ist, ist dem Naturwissenschaftler völlig unbekannt; wie soll er es messen? Aber es ist die aufrichtige Absicht des Verfassers, gerade hier eine empirische Prüfung anzuregen. Er hat eine Fülle somatischer Beobachtungen an sich selbst gemacht, die ich im vorigen Kapitel nicht aufgezählt habe. Diese sind zunächst vor allem in der Ebene der Körpergefühle, die im Yoga ja so sorgfältig beobachtet und klassifiziert werden; hier drängen sich ihm ständig physikalische Gleichnisworte wie »Strom«, »Strahlung« etc. auf. Sie beziehen sich ferner auf die große Bedeutung sehr genau dosierter Ernährung. Ich meine, einen Arzt müßten diese Beobachtungen sehr interessieren, und ein »Lexikon« der Übersetzung zwischen Körpergefühlen und Physiologie müßte herzustellen sein. Das könnte wenigstens ein Präludium zur physiologischen Einordnung des »Prana« sein.

Zum Prinzipiellen des Pranabegriffs hier noch eine Vorbemerkung. Was nach unserer Auffassung die Nerven transportieren, ist nicht eine Substanz, sondern Information. Man müßte also fragen, wie sich Prana zu unserem Begriff der Information verhält. Darauf komme ich im 7. Kapitel zurück.

Ich ende mit einer Bemerkung über den Sinn der sexuellen Potenz und der sexuellen Enthaltung. Die Ferne voneinander, in der die verschiedenen Wissenschaften operieren, führt dazu, daß gewisse naheliegende Fragen viel zu selten gestellt werden. Die europäische Geisteswissenschaft hat sich und uns über die Bedeutung der Sexualität für die Kultur im Durchschnitt unzureichend unterrichtet; auch wo sie sich als aufgeklärt verstand, trug sie das Erbe der Verdrängung aus der christlichen Kultur, der sie entstammt, naiv mit sich. (Ich konnte als Philosophiedozent z. B. die Befangenheit gegenüber dieser Thematik in der Auslegung von Platons »Symposion« beobachten.) Der Gegenschlag der Psychoanalyse, der Romanciers und der Subkultur der modernen Intellektuellen (von der modernen Sexualindustrie zu schweigen) nimmt etwas anderes ohne Rückfrage als gegeben an: die Allgegenwart des sexuellen Triebs. Hier könnte uns nun die evolutionistische Biologie belehren. Die ständige Bereitschaft zum Sexualverkehr ist biologisch eine Eigentümlichkeit der Primaten, wenn nicht gar des Menschen allein. Es ist gerade nicht »das Tier im Menschen«, das nach ständiger geschlechtlicher Erfüllung drängt. Die Moral der Beschränkung des Geschlechtsverkehrs auf den Zweck der Fortpflanzung kann man einem Hirsch sehr viel leichter klarmachen als einem Menschen; vielmehr der Hirsch bedarf hierzu gar keiner moralischen Vorschriften. Ich empfinde es seit langer Zeit als ein tiefes, allen Nachdenkens wertes Rätsel, warum die Pansexualität so wie der Krieg, wie die Religion und die Wissenschaft ein spezifisches Humanum ist. Erst wer dies verstanden hätte, könnte dann auch die kulturelle Rolle der Unterdrückung der Sexualität begreifen und damit vielleicht auch eine der Prämissen der Kompartimentalisierung unserer Wissenschaften in solche, die vom »Geist« und solche, die vom »Körper« handeln.

Mit der Unbefangenheit des Autodidakten greift Gopi Krishna dieses Problem auf. Für ihn ist die Unbegrenztheit der sexuellen Potenz des Menschen die Schaffung des Reservoirs der Nahrung der Evolution. Die Unterdrückung der Sexualität aus Haß oder Verachtung gegen die »niedere Natur« sieht er als ein Mißverständnis an, das erst in einer Spätphase der religiösen Entwicklung eintreten konnte, in der man den schlicht biologischen Sinn sexueller Enthaltung nicht mehr verstand. In der Tat bleibt bei der Erklärung der Repression des Sexuellen aus Naturverachtung unklar, woher eigentlich der Drang zu dieser Verachtung kommt. Die hinduistische (freilich nicht nur hinduistische) These Gopi Krishnas macht dies klar. Es handelt sich hier nicht um die Wahl zwischen Gut und Böse, sondern zwischen Gut und Besser. Die Sexualität kann der Evolution in der Fortpflanzung oder in der Steigerung des Bewußtseins dienen. Aber in gewissen Stufen der Intensität der Bewußtseinsentwicklung reicht sie bei den meisten Menschen, die diese überhaupt erfahren, nicht für beides aus. So entsteht das sinnvolle Ideal der Enthaltung, aber, wie es in der katholisch-christlichen Sprechweise heißt, als »evangelischer Rat« für die, denen der Rat entspricht, und nicht als Gebot für alle.

Diese Gedanken waren mir nicht neu, als ich Gopi Krishna kennenlernte; er gibt ihnen nur eine Einordnung in seine Gesamtsicht. Ich finde zum mindesten diese Fragerichtung die einzige, die eine Auflösung des Rätsels der humanen Sexualität und ein Verständnis ihrer Rolle in der Kultur in Aussicht stellt. Hier wäre natürlich noch sehr viel zu sagen; vielleicht, wenn die Kraft und Zeit ausreicht, ein andermal.

5. Genie und Wahnsinn

Dieses Kapitel ist eine einordnende Bemerkung zum hauptsächlichen Anwendungsgebiet der Gedanken Gopi Krishnas. Er spricht von der biologischen Grundlage für Religion und Genie. Auch die Religion sieht er vor allem in der Gestalt des religiösen Genies. Nicht der religiöse Alltag ist ein Thema, sondern der religiöse Stifter, der diesen Alltag einst herbeigeführt hat, und der Mystiker, der ihn hinter sich läßt. Aber auch die negative Erscheinungsform der Kreativität ist voll einbezogen. In den Gewaltherrschern, den großen Zerstörern und Bösewichtern der Weltgeschichte sieht er Kundalini am Werk. Er erinnert an die Doppelgestalt der großen Göttin als Durga und Kali; Kali tanzt auf dem Leichnam ihres Gatten. Unter den Menschen, die nicht »groß« sind, bezieht er schließlich gerade die aus dem Gleis der Normalität geratenen ein: die Wahnsinnigen und diejenigen, die sich am Rande des Wahnsinns bewegen.

Von seinem Ausgangspunkt her ist diese Auswahl voll begreiflich. Seine eigene Erfahrung war etwas Außergewöhnliches; seine persönliche Leistung war es, gleichwohl im Rahmen der diesseitigen Normalität weiterzuleben. So klingt in ihm bei den außerordentlichen Gestalten die Saite der eigenen Erfahrung an, und in der Tat hat er damit ein Gespür für einen qualitativen Unterschied einer bestimmten menschlichen Erfahrung von allen anderen Erfahrungen. Die Anerkennung dieses Unterschieds hat nichts damit zu tun, daß alle Menschen vor Gott, vor dem Gesetz und vor der Nächstenliebe gleich sind. Sie sind gleich, in dem jeder unverwechselbar dieser und kein anderer ist, und es ist nicht Nächstenliebe, sondern Haß, ihnen das Recht ihrer Eigentümlichkeit zu verweigern. So ist die Kreativität, die der Autor schildert, auch kein Anspruch, sondern ein Schicksal und damit dann eine Aufgabe. Der »böse Genius« ist oft genug genau der, der die Macht und Ehre auf sein Ich bezieht, die nur der ihn belebenden Kraft zusteht, und weit jenseits des Endes des Ehrgeizes wartet auf den »Guten« die Versuchung des Stolzes.

Unserem Verständnis des Phänomens kann es gleichwohl dienen, wenn wir die kontinuierliche Verbindungslinie zwischen der außerordentlichen Kreativität und der Kreativität des Alltags ziehen. Gopi Krishna selbst leugnet nicht, daß Kundalini in allen Menschen wirksam ist, aber sie strömt nicht, sondern »tröpfelt« nur. Auch tritt die physische Erfahrung, die er selbst gemacht hat, offensichtlich beim kreativen Vorgang gewöhnlich nicht auf. So wie wir normalerweise, außer etwa in der Gestalt von Kopfschmerzen, nicht an unser Gehirn denken, sondern an das Gedachte, nicht das Auge sehen, sondern das Gesehene, so nimmt auch die Kreativität gewöhnlich ihr Organ nicht wahr. Das Eigentümliche seiner Erfahrung und der ganzen Yoga-Schule, auf die ihn diese Erfahrung verwiesen hat, ist die somatische Selbstwahrnehmung eines Bewußtwerdevorgangs. Ich komme auf die Berechtigung dieses somatischen Aspekts zurück und frage jetzt nach der phänomenologischen Struktur der Kreativität, also nach ihrer mentalen Selbstwahrnehmung.

Ich möchte diese Phänomenologie einspannen zwischen die Pole der Wahrheit und des Hergangs. Einerseits stellt jeder kreative Akt eine Wahrheit hin, andererseits kommt er auf irgendeine Weise in der Zeit zustande. Dem Pol der Wahrheit entspricht die finale Betrachtung: das schöpferische Vermögen ist um der Wahrheit willen da, die es hinstellt. Dem Pol des Hergangs entspricht die kausale Betrachtung: die und die begreiflichen Prozesse müssen dabei ablaufen. Wir haben hier von neuem die Polarität des Entwicklungsprozesses vor uns und ordnen so die Kreativität in die Entwicklung ein, auf die wir im nächsten Kapitel zurückkommen werden.

In diesem Sinne ist nun jeder alltägliche Lernprozeß, jede Herstellung einer Kinderzeichnung, eines Kleids, eines Werkzeugs, jeder Akt sozialer Begegnung für das betreffende Individuum kreativ. Etwas nicht rückgängig zu Machendes geschieht, eine Struktur entsteht, die damit einmal da war, selbst wenn sie nachher wieder zerstört wird. Sie ist sinnvoll eingeordnet in einen Lebenszusammenhang und hat darin ihre Wahrheit. (Wahrheit = adaequatio rei et intellectus = Anpassung zwischen Sachverhalt und verständigem Handeln; vgl. »Die Einheit der Natur« S. 338 bis 341.) Wir können ihren Hergang genau soweit begreifen, als wir schon zuvor ein Verständnis erworben haben oder an Hand ihrer selbst ein Verständnis erwerben für die Teilelemente von Umwelt und Verhalten, die in ihr zusammenspielen (Kausalität) und für die Einheit der Struktur, die in diesem Zusammenspiel entsteht (Wahrheit).

Sprechen wir speziell von der rationalen Erkenntnis, insbesondere der Wissenschaft! Die übliche Weise, sie darzustellen, ist als System mehr oder weniger logischer Folgerungen, sei es aus Axiomen, sei es aus Erfahrungen. Dies ist die Festungsgestalt der Wissenschaft, die Weise, wie sie, wenn sie gefunden ist, gegen Kritik verteidigt wird. Gefunden wird sie nicht so. In der Mathematik ist es ein bekanntes Phänomen, daß man einen Satz vor dem Beweis, eine Strukturintention vor dem formulierten Satz, scheinbar inkohärente Beweisfragmente vor der Beweiskette »sieht«. In der empirischen Wissenschaft hat Thomas Kuhn (»Die Struktur wissenschaftlicher Revolutionen«) die führende Rolle von »Paradigmen« gezeigt, welche erst definieren, wonach wissenschaftlich gefragt werden kann; die einzelne »Erfahrung« ist dann nicht mehr als eine zu drückende Taste auf einer von uns gebauten Tastatur, deren Auswahl wir der befragten Natur erlauben. Das letzte Wort des Archäologen Ludwig Curtius am Tag seines Todes war die Mahnung, die er einem ihn besuchenden Romreisenden nachrief: »Und vergessen Sie nicht, man sieht nur, was man weiß.«

Wissenschaft ist (so Konrad Lorenz) wesentlich Gestaltwahrnehmung, und diese Gestaltwahrnehmung hat die Natur eines kreativen Akts an sich; man »macht« die Gestalt, indem man sie wahrnimmt, man nimmt sie wahr, indem man sie macht.

Von hier aus können wir wieder zur »großen« Kreativität aufsteigen. Die große wissenschaftliche Entdeckung ist die

Wahrnehmung einer besonders einfachen und grundlegenden, bisher im Chaos der Erscheinungen und der Unverstandenheit der Theorien verborgenen Gestalt. Ihr Auftreten wird oft wie eine Inspiration, wie eine Gnade beschrieben, die nie als zwingende Folge der forscherischen Anstrengung, sondern wann und wie sie selbst will, als eine Antwort einer »anderen Instanz«, oft dann fast mühelos, dem Forscher begegnet. Hier ist das, oft erschütternde und beseligende Erlebnis: »Ich bin es nicht. Nicht ich habe das gemacht.« Und doch bin ich es in gewisser Weise, aber nicht dieses wollende Ich, sondern ein umfassenderes Selbst. Wer hier sensibel geworden ist, der kann diese Erfahrung dann aber auch im Alltag des Denkens und Handelns wiederfinden: wie wenig weiß ich von den Bedingungen dafür, daß auch der einfachste Denkakt, der einfachste Schritt und Handgriff glückt?

Wir können nun diese wissenschaftliche Erfahrung des Ich und des Selbst nach zwei Seiten verknüpfen: Freud folgend mit der Neurosenheilung, Gopi Krishna (und hier auch z. B. C. G. Jung) folgend mit der Mystik. In der Neurosenheilung trat mir etwas als Nicht-Ich gegenüber, und ich mußte es als Ich anerkennen, um so die Einheit eines zerrissenen Bewußtseins wieder herzustellen. In der wissenschaftlichen Entdeckung tritt etwas als meine Leistung auf, was ich als Nicht-Ich und doch Ich-Selbst anerkennen muß. Aber das Selbst bleibt dabei meinem Bewußtsein verhüllt und bekundet sich nur durch das Geschenk, das es mir macht, durch seine Leistung. In der Mystik aber habe ich mich dem Selbst zu öffnen, das Ich aufzuheben oder, was dasselbe ist, es als Manifestation des Selbst zu wissen. Letzten Endes habe ich das Selbst zu sein, das ich immer war.

Was mit diesen Worten gesagt ist, dem müssen wir später nachgehen. Jetzt wollte ich nur mit einem ersten phänomenologischen Blick andeuten, wie die Vorgänge zusammenhängen.

Hier läßt sich nun auch das Negative einordnen. Es zeigt sich grundsätzlich als ein Sieg des Hergangs über die Wahrheit, als eine »falsche Wahrheit« (»Die Einheit der Natur«, S. 339). Das beginnt schon bei den »gesunden« unvollkommenen Manifestationen des Selbst, bei den »zweitbesten« Leistungen wie Wissenschaft und Kunst. Die »Fachidiotie« ist der Schatten der Wissenschaft. Die Wissenschaft weiß das jeweils Einzelne durch die Leistung der Objektivierung, d. h. der Herauslösung des Einzelnen aus dem Ganzen. Durch Begriff des Gesetzes stellt sie nachträglich das Ganze wieder her, aber dies bleibt selbst eine bruchstückhafte Wiederherstellung. Daher die Möglichkeit der Selbstzerstörung einer wissenschaftlichen Welt. Analog kann auch Kunst zwar aufs Leben weisen, aber das Leben nicht tragen. Die Zeile »des Dichters Aug, im holden Wahnsinn rollend«, geht auf Platons Meinung zurück, daß die Dichter in einer göttlichen Inspiration Wahrheiten aussprechen, die sie als Menschen selbst nicht verstehen. Auch Kunsttheorien, die das Handwerkliche oder das Gedanklich-Objektive in der Kunst betonen, können, wenn sie bei der Wahrheit bleiben, nicht leugnen, daß die Kunst ein unverfügbares Geschenk ist, selbst noch in der Form der Sicherheit eines altgewordenen Meisters. Und wer die Lebensprobleme von Künstlern kennt, wird vielleicht die These nicht übertrieben finden, daß ein Künstler eigentlich nicht leben kann; er ist durch das, was in ihm ständig geschieht, über die Grenzen des Normalen hinausgetrieben, ohne in einem anderen Raum einen festen Stand zu finden. Ein älterer Freund, der mir zuerst den spirituellen Bereich aufgeschlossen hat und der selbst Künstler war, sagte: »Kunst ist eine Ersatzleistung. Hier handelt ein Wesen, das nicht zu sein vermag.« Eine vielen gängigen Anschauungen widersprechende, bedenkenswerte Ansicht.

Schließlich ist die Nachbarschaft zwischen Genie und Wahnsinn ein altes Thema. Der Sinn des Zusammenhangs wird verfehlt, wenn in »reduktionistischer« Weise der Wahnsinn – in einer oder verschiedenen seiner vielen Formen – als das häufiger Vorkommende zugrunde gelegt wird und man dann versucht, geniale Persönlichkeiten von ihrer Nachbarschaft zu Zügen des Wahnsinns her zu interpretieren. Dies ist auf höherer Stufe der Thematik gleichsam eine Wiederholung der von Platon schon dem Protagoras in den Mund gelegten, heute u. a. von Gehlen vertretenen These vom Menschen als »Mängelwesen«, verglichen mit den angepaßteren Tieren. »Umgekehrt wird ein Schuh daraus.« Gegen die Mängelwesentheorie hebt Konrad Lorenz überzeugend hervor, daß der Mensch sowohl rein körperlich wie instinktiv reicher ausgestattet ist als wohl irgendein Tier. Nur ist seine somatische und instinktive Ausstattung dazu bestimmt, einer integrierenden Intelligenz zu dienen. Stilisierend gesagt: der Mensch trägt nicht Kleider, weil er unbehaart ist, sondern er ist unbehaart, weil er Kleider trägt, und darum ist er schlecht dran, wenn ihm einmal die Kleider fehlen. Analog hebt Gopi Krishna die wohlbekannte Tatsache hervor, daß schöpferische Persönlichkeiten, insbesondere auch religiös schöpferische, im allgmeinen in den Gaben der Normalität wie Intelligenz, Auffassungsgabe, Spannkraft sehr viel besser ausgestattet sind als der Durchschnitt der Normalen. Aber ein partielles Mißlingen des Integrationsprozesses läßt sie gleichsam ohne die ihnen bestimmten Kleider. So besteht dann auch vielleicht Aussicht, psychotische Abläufe von demjenigen schöpferischen Vorgang her zu interpretieren, dessen mißratene Kopie sie sind. Ich war einmal Adressat der Redeflut eines begabten jungen Mannes in einem wohl schizophrenen Schub. Ich konnte jedes Wort »verstehen«. Alles Material der Genialität war darin enthalten, aber hoffnungslos derangiert.

Sehr ähnlich wird man dann auch über die Nachbarschaft der Wirkung von Drogen zu mystischen Erlebnissen urteilen müssen. Die Droge gäbe demnach ein mißlingendes, unproduktives Bruchstück. Es war mir auffallend, wie scharf Gopi Krishna im Gespräch jeden Drogengebrauch, auch als »Anlockung« zur Meditation, verurteilte (vgl. S. 62–63). Er bestätigte mir damit ein Gefühl, zu dem ich mich, wie manchmal, nicht ganz zu bekennen gewagt hatte.

6. Was ist Evolution?

Die nun folgenden Kapitel müssen kürzer sein als die bisherigen, aus dem paradoxen Grund, daß sie sonst noch länger sein müßten. In den bisherigen Kapiteln habe ich versucht, Gopi Krishnas Gedanken und sein uns vielfach fremdes altindisches Begriffs- und Erfahrungsmaterial dem westlichen Leser in möglichst zugänglicher Form vorzulegen. »Vorkauen« in Gestalt eigener gedanklicher Verarbeitung war dabei unvermeidlich, sollte aber eine dienende Rolle behalten. Dies kann niemals weiter führen als dazu, die Thesen des Autors, seinem Wunsch entsprechend, zur Diskussion und womöglich zur Nachprüfung zu stellen. Im folgenden möchte ich wenigstens andeuten, wie sich mir diese Thesen zu verhalten scheinen zu einer Philosophie der Natur und der Geschichte, die ich aus durchaus westlichen Prämissen heraus zu entwickeln suche. Ich kann aber diese Philosophie selbst hier nicht darstellen; soweit sie vorliegt, weil das zu breit würde, soweit sie nicht vorliegt, weil sie nicht vorliegt. So muß ich stenographisch reden und, des darin liegenden schlechten Stils bewußt, auf eigene Schriften verweisen.

Die Entgegensetzung von Natur und Geschichte bezeichnet m. E. den qualitativen Sprung vom Tier zum Menschen mit undeutlichen Begriffen; ich spreche lieber auch von der »Geschichte der Natur« und bleibe damit dem Begriff der Evolution nahe, den Gopi Krishna wie Aurobindo oder Teilhard de Chardin letzten Endes dem Evolutionismus des 19. Jahrhunderts verdankt. Die Spiritualisierung dieses Begriffs, die alle drei Denker vollzogen haben, scheint mir unausweichlich, wenn man den Menschen als das spirituelle Wesen, das er nun einmal ist, in die Evolution einbezieht. Trotzdem besteht hier die Gefahr eines begrifflichen Kurzschlusses zwischen Vitalität und Geist, die viele kritische Köpfe von dieser Philosophie fernhält. Ich schlage deshalb im Vertrauen auf den Geist, der uns in alle Wahrheit führt, ein sehr langsames Verfahren vor.

Zunächst teile ich nicht den Affekt aller spiritualistischen Evolutionisten gegen den Darwinismus. Man muß m. E. die

Selektionstheorie nicht verwerfen, sondern verstehen*. Nach ihr beruht die Evolution genau wie die thermodynamische Irreversibilität auf der »Geschicklichkeit der Zeit«, die sich u. a. in der Offenheit der Zukunft und der Faktizität der Vergangenheit manifestiert. Das philosophische Rätsel ist die Zeit; außer ihr braucht man zur Deutung der Evolution keine weiteren Rätsel einzuführen. Im einzelnen gilt, daß das Wachstum der Anzahl und Differenziertheit der Gestalten dem zweiten Hauptsatz der Thermodynamik nicht nur nicht widerspricht, sondern unter gewissen Voraussetzungen, die in der wirklichen Welt erfüllt sind, sogar aus ihm logisch folgt**. Man kann dann sagen: Die »Kraft« der Evolution ist nichts anderes als das »Strömen der Zeit« selbst, als die Unentrinnbarkeit der Zukunft. Der »Biologismus« der Evolutionsdenker ist dann nichts anderes als daß sich die Geschichtlichkeit der Zeit schon im organischen Leben zeigt. Ihr »Spiritualismus« bedeutet einerseits, daß auch der Geist, insoferne er in der Zeit erscheint, der Struktur der Zeit gehorcht. Andererseits bedeutet er die Forderung, die Zeit selbst geistig zu verstehen.

Ein Anlauf dazu ist zunächst der, scheinbar anfangs in entgegengesetzter Richtung laufende Versuch, die volle Einheit der Natur durch eine Rückführung der biologischen Begriffe auf Begriffe der Physik sichtbar zu machen. Der zentrale Begriff einer logischen Analyse dieses Zusammenhangs ist der Begriff der Information. Virtuelle Information ist Entropie. Das Gestaltenwachstum ist Wachstum der virtuellen Information und damit Wachstum der Entropie. Die Molekularbiologie und die Kybernetik geben Hoffnung zu einer Reduktion biologischer Gesetze auf physikalische. Ist damit aber nicht gerade der Materialismus auf den Thron gesetzt?

* Vgl. dazu C. F. v. Weizsäcker »Die Geschichte der Natur«, Vorlesungen 6 bis 10; Vandenhoek & Rupprecht, Göttingen, 1962.
»Die Tragweite der Wissenschaft, Teil 1«, Vorlesung; S. Hirzel Verlag, Stuttgart, 1964.
»Die Einheit der Natur«, Teil III; Carl Hauser Verlag, München, 1971.

** Eine unveröffentlichte Abhandlung, die diesen Satz enthält, hoffe ich im Rahmen eines neuen Buchs in absehbarer Zeit vorzulegen.

Die Frage ist, was »Materie« bedeutet. Für den Physiker ist sie kaum anders definierbar als »das was den Gesetzen der Physik genügt«. Was besagen die Gesetze der Physik?

7. Physik und Zeit

Den Versuch, die Physik zu begreifen, kann ich hier nur andeuten*. Der Leser, dem dieser Abschnitt spezialistisch ist, möge ihn überschlagen.

Die Physik als empirische Wissenschaft entwickelt sich historisch zu einer einzigen einheitlichen Theorie. Den Grund der Möglichkeit von Theorie überhaupt suche ich in der Einheit dieser Theorie, und deren Grund in den Bedingungen der Möglichkeit der Erfahrung. Erfahrung heißt, aus der Vergangenheit für die Zukunft lernen; sie ist also nur möglich in der Zeit. Die Struktur der Zeit ist der Grund der Einheit der Physik. Diese Struktur muß begrifflich auseinandergelegt werden in einer Logik zeitlicher Aussagen und einer Theorie der Wahrscheinlichkeit als der Form empirischer Vorhersage der Zukunft. Die physikalische Verwendung des Wahrscheinlichkeitsbegriffs bestimmt die Gestalt der beiden aufeinander bezogenen Fundamentaltheorien: der Quantentheorie und der Thermodynamik. Sie sind aufeinander bezogen, insofern die statistische Thermodynamik eine elementare Theorie voraussetzt und andererseits der Begriff der Messung in der Quantentheorie nicht ohne den thermodynamischen Begriff der Irreversibilität klargemacht werden kann. In einer noch nicht erreichten Phase sollten beide Theorien daher zu einer Einheit verschmelzen. Schließlich sollten die flankierenden Theorien der Raumstruktur, der Elementarteilchen und des Universums sich als Konsequenzen einer semantisch konsistent interpretierten Quantentheorie ergeben. Auch hierzu ist der zentrale Ansatz zeitlich; ich nenne ihn jetzt temporalen Finitismus. Die Quantentheorie ist eine Theorie der

* Vgl. »Die Einheit der Natur«, Teil II und III 3, III 5.

probabilistischen Vorhersage der Entscheidungen von kontingenten Alternativen (»Messungen«). Bis zu jeder Zeit haben nur endlich viele Alternativen entschieden werden können (endliche Faktizität der Vergangenheit), aber die Menge zukünftig noch entscheidbarer Alternativen ist unbegrenzt (Offenheit der Zukunft). Dies ergibt einen zu jeder Zeit endlichdimensionalen quantentheoretischen Zustandsraum, der in einem kompakten expandierenden Ortsraum mit kleinsten physischen Objekten (»Elementarteilchen«) dargestellt werden kann.

Philosophisch ist an diesem hypothetischen Ansatz wichtig, daß die ganze Physik als eine Theorie der Wahrscheinlichkeitsprognosen empirisch entscheidbarer Alternativen erscheint. Daß die Quantentheorie diese Beschreibung zuläßt, ist auch ohne die hypothetischen Weiterungen klar. Hierin sieht man oft einen auf den Beobachter bezogenen Subjektivismus. Andererseits ist diese Physik zweifellos intersubjektiv: verschiedene Beobachter werden nur miteinander vereinbare Erfahrungen machen, es sei denn sie verfielen Irrtümern. Für keinen denkbaren Beobachter ist die Zukunft faktisch. Diese »objektive Subjektivität« ist im Begriff der Information gefaßt. Die Rückführung der Eigenschaften der »Materie« auf eine Abzählung entscheidbarer Alternativen wird vermutlich die Begriffe Masse, Energie und Information auf einen einheitlichen Grundbegriff bewegter Form reduzieren. Die physische Welt wäre nach dieser Auffassung, in Nähe zu Kant, das, was einem endlichen Bewußtsein erscheinen kann. Insoferne ein endliches Bewußtsein sich selbst empirisch, in entscheidbaren kontingenten Alternativen, erscheinen kann, wäre es selbst »Materie«. Ich drücke das gelegentlich in der an Schelling anlehnenden Formel aus: Natur ist Geist, der nicht als Geist erscheint.

Ich verlange vom Leser nicht, daß er diesen Mutmaßungen glaubt. Ihre bloße Denkmöglichkeit sollte aber zeigen, daß der Begriff des Prana mit unserer Physik nicht unvereinbar zu sein braucht. Prana ist räumlich ausgedehnte belebende, also zunächst einmal bewegende Potenz. Die Quantentheorie beschreibt etwas davon nicht völlig Entferntes unter dem Namen der Wahrscheinlichkeitsamplitude. Die Beziehung wird vielleicht deutlicher, wenn man Wahrscheinlichkeit streng als einen futurischen Begriff versteht, also als den quantifizierten Ausdruck dessen, wohin der »Strom der Zeit« evolutiv drängt. Und die cartesische Spaltung ist in der skizzierten Denkweise nicht mehr vorhanden, außer insofern in ihr getrennte Subjekte mit je ihrem objektiven Bewußtseinsinhalt vorausgesetzt sind. Eben dies aber wird sich, wenn wir hypothetisch die Quantentheorie auf den Menschen selbst anwenden, nicht als letzte Wahrheit erweisen, sondern als die klassische Näherung, ohne welche wir nicht objektivierend sprechen können. D. h. der Subjekt-Objekt-Dualismus besteht in genau derjenigen Näherung, die erforderlich ist, damit Subjekte objektivierend handeln und denken können.

Kann man aber das, was Voraussetzung des Objektivierens ist, jenseits der Objektivierung noch denken? Kann man die Totalität, zu deren Gliedern wir gehören, *als* Totalität denken? Wir kommen zum Problem des Einen.

8. Das Eine

Treten wir zu einem Anlauf noch einmal einen Schritt zurück! Gopi Krishna behauptet, ein einziges Gesetz beherrsche die ganze Wirklichkeit, das zugleich biologische und spirituelle Gesetz der Evolution. Wir haben mutmaßend die Einheit der Physik zugleich mit der Evolution auf die Geschichtlichkeit der Zeit, letztlich auf eine noch unverstandene Einheit der Zeit zurückgeführt. Was bedeutet in diesen Zusammenhängen eigentlich Einheit?

Wir treten noch einen Schritt zurück. In der Quantentheorie läßt sich ein Objekt in Teilobjekte zerlegen, besteht aber nicht an sich aus ihnen. Man sieht das daran, daß es verschiedene, miteinander begrifflich unvereinbare Teilungen zuläßt (technisch gesagt: verschiedene Zerlegungen des Hilbertraums; Einstein-Rosen-Podolsky-Paradoxon). Es ist also ein Ganzes, das nicht aus Teilen besteht, sondern bei der Zerlegung in Teile seine Ganzheit verliert. So »ist« ein Atom nicht ein System aus Kern und Elektronen, sondern man findet nur Kern und Elektronen, wenn man das Atom zerstört. Ebenso »ist« dieser Tisch nicht ein Gebäude aus Atomen, sondern man findet Atome, wenn man den Tisch radikal auflöst. Der Gültigkeitsbereich des Begriffs getrennter Objekte ist genau der Bereich der klassischen Näherung, in dem die »Phasenbeziehungen« zwischen den Objekten (»ihre Verbindungen im Prana«, wenn wir so leichtfertig reden dürfen) als vernachlässigbar angesehen werden. Versuchen wir nun die ganze Welt als ein quantentheoretisches Objekt zu denken, so »ist« die Welt wiederum nicht die Vielheit der Objekte in ihr, sondern sie zerfällt nur für den vielheitlich objektivierenden Blick in diese Vielheit*.

Dies ist nur einer der Wege, sich dem Einen zu nähern; man könnte ihn den physisch-objektiven nennen. Platon wählt in der Mitte des »Staats« den mehrfach gestuften Aufstieg vom Abbild zum Urbild. Die Vedanta-Philosophie hat die möglichen Auffassungen des Problems vielfältig diskutiert. Wenn ich mir als Nichtkenner des Sanskrit hier überhaupt ein Urteil erlauben darf, so scheint mir Platons an der Mathematik geschultes Denken dieser Probleme argumentativ noch strenger als das indische. Sein »Parmenides« kann wie ein Vorentwurf der hier auftretenden Denkmöglichkeiten gelesen werden, zugleich mit dem Nachweis, daß ihrer keine dem Widerspruch entgeht. (Man darf dazu bemerken, daß der Satz vom Widerspruch die wenigstens zweiwertige Logik und somit die Nicht-Einheit voraussetzt.) Andererseits ist die indische Philosophie des Einen stets nur als begriffliche Auslegung der Meditationserfahrung verständlich. Auf diesem Wege liegt die Erfahrung des kosmischen Bewußtseins, bei der ich oben (S. 27) abbrach, weil sie nicht mehr Biographie, sondern die Sache selbst sei; so auch die Erfahrung der Stille, die Erfahrung des Selbst. Es ist nach allem Gesagten klar, daß dieser Weg zu gehen, nicht theoretisch zu beschreiben ist.

* Vgl. den letzten Aufsatz in »Die Einheit der Natur«.

9. Christentum und Geschichte

Zwei Fragen möchte ich, wenn auch in der nun gewählten Kürze nicht unberührt lassen: das Verhältnis des Gesagten zum Christentum und zu unserer eigenen Zukunft.

Gopi Krishna hat die bei aufgeklärten Hindus übliche offene Haltung gegenüber der Vielheit der Religionen. Christus ist ihm eines der größten, zwingendsten Beispiele des religiösen Genius. Er benützt das Gespräch mit Nikodemus als Beleg des Sinnes der zweiten Geburt, der Geburt aus Wasser und Geist. Den unkirchlichen modernen Intellektuellen geht diese Haltung leicht ein, um so schwerer aber, und wahrlich nicht nur aus konfessioneller Enge heraus, den christlichen Theologen. Gewiß kann man oft genug beobachten, daß Christen angesichts der Forderung, die *Wahrheit* anderer Religionen anzuerkennen, in eine Art von Panik geraten. Da heute die Intoleranz, auch die bloß gedankliche Intoleranz gegenüber den »Ungläubigen« nicht mehr überzeugt, sucht man mit einem gewissen Krampf nach dem »letztlich doch entscheidenden« Unterschied des Christentums gegen alle diese Religionen. Diese angstvolle Reaktion (die sich ihrer Angst meist nicht bewußt bleibt) halte ich für unchristlich und für die Quelle immer neuer mystifizierender Mißverständnisse der fremden *und* der eigenen Religion. Etwas anderes ist es aber, sich klarzumachen, daß in der Differenziertheit des geschichtlichen Vorgangs die Rollen der großen Religionen und ihrer Stifter nicht dieselben sind und es auch nicht sein sollen. Es ist mir neulich zugestoßen, in kirchlichen Kreisen etwas Staunen zu erregen, als ich sagte, zum Christentum gehöre der Glaube an die Wiederkunft Christi.

Es gibt hier sowohl eine Reihenfolge der Fragen wie eine Verteilung der Aufgaben für heutige Menschen, nun insbesondere für heutige Christen. Daß ein entwurzelter Europäer oder Amerikaner festeren Boden unter die Füße bekommt, indem er Buddhist oder Angehöriger einer Hindu-Lebensgemeinschaft wird, als wenn er zur christlichen Kirche zurückfände oder auf dem suchenden Weg des Intellektuellen bliebe, dafür gibt es einige überzeugende Beispiele, aber sie sind die Minderzahl. Aus der Ferne erscheint das Exotische oft zugänglicher, weil wir unter seinen Lebensproblemen nicht leiden. Ich würde Menschen lieber in die verfaßte Kirche herein als aus ihr hinausführen. Aber die Meinung, man könne dies durch eine objektive Überlegenheit des Christentums begründen, ist eine Selbsttäuschung, solange wir das nicht vollzogen haben, wovon hier bisher die Rede war. Eine solche Begründung ist auch nicht nötig.

Wir können aber heute schon gewisse Züge der christlichen Tradition bezeichnen, die aufzugeben wir keinen Anlaß haben. Das ist insbesondere das Verhältnis des Christentums zur diesseitigen Geschichte. Inder wie Gopi Krishna haben mit dem Evolutionsgedanken ein Stück säkularisierten christlichen Denkens übernommen, und es ist ihm sehr bewußt, daß er mit der Diesseitigkeit seines Evolutionsbegriffs zu jenen Hindu-Traditionen im Gegensatz steht, die nur einen Aufstieg zum Einen und ein Verharren dort anstreben. Die Philosophie der offenen Zeit ist eine hebräisch-christliche Philosophie. Ihr Verhältnis zum Einen ist freilich in der christlichen theologisch-philosophischen Tradition völlig ungeklärt. Wir verlassen aber die Stufe des notwendigen Weiterfragens, wenn wir diese Zeit mit dem linearen Zeitbegriff der chronologischen Geschichte und Prognose gleichsetzen. Ich besitze keine Lösung dieser Frage, aber ich möchte erreichen, daß wir sie als Frage vor uns sehen. Die Vorbereitung zu ihrem Verständnis ist wie in allen großen theoretischen Fragen die Praxis. Gewiß haben auch im Christentum die Kontemplativen einen notwendigen Ort. Aber nur, weil auch sie auf ihre Weise die Verantwortung für die Welt, für jeden einzelnen lebenden Mitmenschen, mittragen.

10. Die Zukunft unserer Welt

Diese Kapitelüberschrift bezeichnet nur eine Leerstelle, denn hier wäre nur eine breite Erörterung möglich, die andernorts geschehen muß. Gopi Krishna hat Erwartungen der Zukunft, die er selbst im vorliegenden Buch nur andeutet. Er erwartet, daß der Weg, den die Welt heute geht, in ein Unglück führt, daß aber die Öffnung eines höheren Bewußtseins einen besseren Zustand der Menschheit, eine wahrhafte Entwicklung mit sich bringen wird. Diese Erwartungsfigur ist oft in der Geschichte aufgetaucht, vielleicht weil sie, mit dem jeweiligen Stand angepaßtem Inhalt, oft berechtigt war. Ich halte sie heute gewiß für berechtigt. Es gilt, in der Welt, für die diese Erwartung berechtigt ist, zu wirken. Wie?

Gopi Krishna

Die biologische Basis der religiösen Erfahrung

Vorwort

Aufgrund eigener Erfahrung, die sich auf mehr als dreißig Jahre erstreckt, kam ich zu der Überzeugung, daß sich die Menschheit langsam zu einem erhabenen Bewußtseinszustand hin entwikkelt. Flüchtige Einblicke in diesen Zustand haben uns die großen Mystiker der Vergangenheit und Gegenwart gewährt.

Zweifellos nahmen einige der führenden Intellektuellen unserer Zeit an, daß in der Menschheit ein Impuls zur Entwicklung besteht. Das höchste Ziel aber, und der modus operandi – die Art der Wirksamkeit dieses Impulses –, sind ihrer Meinung nach von einem Geheimnis umgeben.

Zweck dieser Arbeit, die nur als eine Einführung noch weiterer Schriften gedacht ist, will sein, daß es ein besonderes psychosomatisches Kraftzentrum im Menschen gibt, durch dessen Tätigkeit die menschliche Entwicklung bisher erfolgt ist. Dieses göttliche Organ ist auf natürliche Weise wirksam in Menschen, die von Geburt an Weise, Mystiker oder Propheten sind und in allen genialen Menschen in natürlicher Weise am Werk. Bei denen, die schon auf dem Pfad der Evolution fortgeschritten sind, kann sie durch geeignete Mittel zur Tätigkeit erweckt werden.

Dieses Kraftzentrum, das in Indien unter dem Namen Kundalini bekannt ist, wurde seit undenklichen Zeiten zum Erlangen einer höheren Bewußtseinsstufe eingesetzt. Zweifellos ist anzunehmen, daß das ungewöhnliche Übermaß an religiösem Genius in Indien im Zeitalter der Veden, das in keiner folgenden Epoche jemals übertroffen wurde, auf die intensive Kenntnis dieses mächtigen Kraftzentrums zurückzuführen ist. Mit dieser Kenntnis ging eine soziale Ordnung zusammen, die stärker als heute in Harmonie mit den Gesetzen der Entwicklung des Menschen stand.

Das Vorhandensein dieses Machtzentrums und Methoden es zu erwecken, waren in fast allen alten Kulturen Asiens, Europas, Amerikas, selbst Afrikas bekannt. Ich bin der Meinung, daß eine bewußte Erweckung der Kundalini, unter angemessenen Umständen und von erfahrenen Forschern beobachtet, *einen schlüssigen Beweis* liefern können für das Vorhandensein dieses Zentrums im menschlichen Körper und für seine Fähigkeit, psychische Gaben, Genie und kosmisches Bewußtsein lebendig zu machen.

Empirisch bewiesene Experimente könnten von Grund auf eine Veränderung in einigen üblichen Begriffen vom Leben bewirken und den Abgrund zwischen Religion und Wissenschaft verringern. Die Aufmerksamkeit der Gelehrten würde auch auf die geistigen Gesetze der Entwicklung gezogen, von der diese im Augenblick nichts ahnen.

In dieser kurzen Zusammenfassung werden die Folgen eines kollektiven Verstoßes gegen diese Gesetze umrissen. Es gibt nichts Zufälliges und Willkürliches im Universum, und die Gesetze im geistigen Bereich sind ebenso wirksam und unverletzbar wie im Physischen. Die augenblickliche explosive Situation in der Welt beruht auf einer ernsthaften Verletzung dieser Gesetze.

Auf der augenblicklichen Entwicklungsstufe können die führenden Intellektuellen der Erde – wenn sie sich genügend bemühen und die Umgebung geeignet ist – in einem angemessenen Prozentsatz Kundalini erfolgreich erwecken und durch deren Wirksamkeit den Zugang zu einer höheren Bewußtseinsebene erreichen. Dieser übersinnliche Bereich der Erkenntnis wird als notwendige Umhüllung den Lichtwesen dienen, die die Menschen in absehbarer Zukunft führen werden.

Der Besitz des übernatürlichen Weges der Erkenntnis gab allen großen Sehern und Propheten ihr tiefes Wissen über die menschliche Natur und ihre Vorausschau. Die Erkenntnis der Entwicklungs-Gesetze und das Ziel des menschlichen Fortschritts verlangen von denen, die im Vordergrund stehen, eine geistige Sorgfalt, die ebenso wichtig ist wie die körperliche. Durch die notwendigen Vorsichtsmaßnahmen wird es – meiner Meinung nach – möglich sein, in der kommenden Zeit den Krieg zu beherrschen und auszuschalten, ebenso wie die Menschheit es gelernt hat, Geißeln des menschlichen Lebens wie Cholera, Pest und Pocken zu überwinden.

Srinagar/Kaschmir, Februar 1971 Gopi Krishna

1. Kapitel
Geistiger Verfall der Religionen

Das Phänomen der Religion ist ein Geheimnis, das bisher alle Versuche einer Lösung vereitelt hat. Man kann die Tatsache nicht leugnen, daß seit vorgeschichtlichen Zeiten, so weit die neuzeitlichen Forscher die Vergangenheit zurückverfolgen können, die Menschheit stets im Besitz irgendeiner Art von Religion war. Ausgrabungen von Fossilien, selbst aus dem frühen Steinzeitalter, zeigen zeremonielle Begräbnisse, ein Beweis für die Tatsache, daß selbst in einem so primitiven Kulturzustand der Glaube an ein Überleben der Seele und an die vom Körper gesonderte und deutlich unterscheidbare Natur der Seele in verschiedenen Formen unter den Primitiven der Erde vorgeherrscht hat. Aus den Studien der primitiven Religionen und Kulte, die von Gelehrten durchgeführt wurden, wird es klar und offensichtlich, daß der Glaube der Primitiven mehr oder weniger ein Bündel von Aberglaube, Mythus und Ritual war, das nicht selten fürchterliche und fanatische Formen annahm. Menschenopfer, sexuelle Orgien und schreckliche Arten von Selbstquälerei waren nicht selten übliche Merkmale der Verehrungsweisen dieser prähistorischen Glaubensformen.

Bei weniger entwickelten Völkern, selbst bei einigen fortgeschrittenen Gemeinschaften begegnen wir noch Überresten solcher abstoßender Bräuche der Vergangenheit. Bis vor kurzem war freiwillige Kastration unter einer bestimmten Klasse von Priestern verbreitet. Erregende Beispiele von Menschenopfern traten in einigen Ländern, hier und dort, immer wieder an die entsetzte Öffentlichkeit. Unter der isoliert lebenden primitiven Bevölkerung von Afrika und Australien werden die abstoßenden Bräuche und Rituale der primitiven Kulte bis auf den heutigen Tag aufrechterhalten. Nicht selten erscheinen empörte Berichte über solche sonderbaren und widerwärtigen religiösen Bräuche in viel gelesenen Zeitschriften und Zeitungen der Welt.

Vielleicht erwartet der Leser, daß ich nur über Heiliges und

Erhabenes schreibe. Einigen mag deshalb meine Einführung durch Erwähnung solcher abstoßender Bräuche der Vergangenheit im Hinblick auf unser Thema fehl am Platz erscheinen. Hierauf möchte ich erwidern: Gerade weil wir nicht die Religion als ein geschlossenes Ganzes betrachten – und dies nicht nur auf eine Religion, sondern auf alle Religionen der Erde, von ihren frühesten Spuren bis zu den gegenwärtigen hohen Idealen der Propheten und Weisen bezogen –, waren wir bisher nicht in der Lage, das mächtige Naturgesetz zu entdecken, das all den unendlich verschiedenartigen Manifestationen der Religionen und der religiösen Impulse von vorgeschichtlichen Zeiten bis auf den heutigen Tag zugrunde liegt. Dieses Gesetz ist heute, wo die Welt zwischen denen aufgeteilt ist, die an die Existenz Gottes glauben und jenen, die dies nicht tun, ebenso wirksam wie damals, als die Religion in vielen Teilen der Welt den höchsten Platz einnahm und selbst Könige sich den Geboten der Kirche beugen mußten.

Man verzeihe mir, wenn ich den Leser bitte, sich selbst die einfache Frage zu stellen, warum wir alle an die Existenz einer Allwissenden und Allmächtigen Göttlichen Kraft glauben, die der Welt und uns selbst das Dasein schenkte, wenn wir keinen den Sinnen faßbaren Anhaltspunkt finden können, der folgerichtig beweist, daß eine solche Macht tatsächlich vorhanden ist. Warum bemühen wir uns um Vollkommenheit und um eine bessere Ordnung der Dinge, wenn wir sowohl durch das Studium der Vergangenheit wie durch unsere heutigen Erfahrungen unwiderstehlich zu der Schlußfolgerung gedrängt werden, daß von den frühesten Zeiten an nicht nur die Erde, sondern selbst die Meere Schauplatz waren für einen erbarmungslosen Existenzkampf, in den weder Gott noch irgendeine übernatürliche Kraft jemals eingegriffen haben, um den Gläubigen gegenüber denjenigen, die nicht an Gott oder an eine höhere Seinsordnung glauben, Sieg oder auch nur Schutz zu gewähren. Diese Frage ist ebenso alt wie die Menschheit selbst. Bis heute wurde von keiner religiösen Autorität, von keinem erleuchteten Weisen der alten oder der neuen Zeit eine befriedigende und überzeugende Antwort gegeben. Wäre diese Frage zu irgendeiner Zeit während der langen Menschheitsgeschichte beantwortet worden, dann wäre die Unterscheidung zwischen Gläubigen und Ungläubigen, zwischen Frommen und Skeptikern zu gleicher Stunde aufgehoben worden. Auch hätten die Religionen ihre führende Rolle nicht verloren und keine solchen Rückschläge und Umwälzungen erlitten, wie dies in unserem aufgeklärten Zeitalter der Fall ist.

Es ist heute schon zu spät, um alle religiösen Phänomene und das Vorhandensein des religiösen Impulses im Menschen dem Willen Gottes zuzuschreiben, wie dies die Religionsverkünder häufig versuchen. Es ist auch schon zu spät, wenn man sagt, der Mensch sei religiös, weil Gott, der reiner Geist ist, von dem Verlangen erfüllt sei, daß der Mensch ihn verehren und inmitten aller fleischlichen Verlockungen suchen soll, um ewigen Frieden und Glückseligkeit im künftigen Leben zu erlangen. Der Kampf um das Heil, den fast alle Religionen der Menschheit ihren Anhängern auferlegen, verlangt, daß der Suchende auf die Freuden der Erde verzichtet, damit er die himmlischen Freuden nach dem Tod empfängt. Aber was die Segnungen des Himmels sind und welches genau der Zustand des Menschen nach seinem Fortgang in eine andere Welt ist, bleibt ein Rätsel, das bis auf den heutigen Tag niemand befriedigend gelöst hat.

Selbst unter streng gläubigen Anhängern der verschiedenen Religionen besteht keine Übereinstimmung in bezug auf die Gestalt, in der die Seele nach dem Tod überleben könnte, um die versprochene Belohnung für den heldenhaften Kampf zu empfangen, den der Mensch auf Erden gegen alle Versuchungen geführt hat, damit er zu Gott gelangt. Selbst die begabtesten Schriftsteller, die dieses Thema behandeln sind sich untereinander nicht einig über dieses lebenswichtige Problem. Nach christlichem Standpunkt – entsprechend dem Apostel Paulus – trägt die Seele in der anderen Welt einen »himmlischen« oder »geistigen Körper«, der verschieden ist von dem »natürlichen« und »irdischen«. »Fleisch und Blut können das Königreich Gottes nicht erben.« Augustinus dagegen behauptet, »daß bei der Auferstehung die Substanz unserer Körper, wie stark sie auch zerfallen sein mag, wieder vollkommen vereinigt wird«. Diese Feststellung erläutert er mit den Worten: »Fern sei uns die Furcht, daß die Allmacht des Schöpfers nicht zur Wiedererwekkung und Wiederbelebung unserer Körper die Teile zurückrufen kann, die von Tieren und durch Feuer verzehrt, oder in Wasser aufgelöst oder in Luft verdampft wurden.«

Zwischen modernen Schriftstellern besteht auch eine große Meinungsverschiedenheit über die Aussage: »Ich glaube an die Auferstehung des Fleisches.« Der englische Bischof B. F. Westcott meint, »das Fleisch, von dem wir sagen, es ist zur Auferstehung bestimmt, ist nicht die materielle Substanz, die wir sehen und greifen können und die mit Hilfe unserer Sinne gemessen werden kann«. Dr. Fosdick[1] bestätigt die Fortdauer der Persönlichkeit über den Tod hinaus, verwirft aber die Auferstehung des Fleisches. Dennoch gibt er zu, daß er sich keine völlig entkörperte Existenz vorstellen könne. Nach Dr. S. D. McConnel baut sich die Seele sozusagen ein Gehirn im Gehirn, einen Körper im Körper auf, gleichsam einen »Astral«-Körper, der nach dem Tod bestehen bleiben kann. Bischof Manning[2] ist dagegen viel bestimmter, wenn er die Behauptung aufstellt: »Wenn ich dort eingehe, werde ich Ich selbst sein und werde gerichtet werden nach dem, was ich bin. Die Persönlichkeit, die Anlagen, der Geschmack, der Charakter, die ich hier bilde, werden dort mir gehören ... Ich werde gesehen, wie ich bin, und gerichtet nach dem, was ich bin. Ich werde meine Lieben im jenseitigen Leben erkennen. Ich werde sehen und gesehen werden. Ich werde sprechen und man wird zu mir reden.« Es gibt auch noch andere Ansichten und Meinungen. Diese Zitate sollen nur zeigen, daß der Zustand des Menschen nach dem Tod und die Natur der anderen Welt noch Gegenstand der Auseinandersetzung und der Meinungsverschiedenheiten, selbst unter den Gläubigen, sind. *Wo also liegt die Wahrheit?*

Die gleiche Auseinandersetzung – aber in furchtbarerer Form –

[1] Amerik. Philosoph, 20. Jh.

[2] Engl. Kardinal und Erzbischof von Westminster im 19. Jh.; entschiedener Vertreter des Ultra Montanismus und des Unfehlbar-Dogmas.

herrschte unter den führenden Hindus des Altertums und der Neuzeit. Nach Samkhya gibt es unzählige Seelen, deren Wiedergeburt durch das Karma von Geburt zu Geburt bestimmt wird. Nach Shankara dagegen ist jede Seele Brahman selbst, unteilbar und ganzheitlich. Im verkörperten Zustand vergißt sie unter dem Einfluß von Maya ihre erhabene Natur, ein nicht zu erklärender und bedingender Faktor, der die gesamte Schöpfung ins Sein ruft – nicht als eine kosmische Wirklichkeit, sondern als eine trugvolle Erscheinung. Ramanuja, ein anderer bedeutender Philosoph, widerspricht dieser Ansicht und glaubt, daß die Seele oder Jiva nicht mit Brahman identisch, sondern ihm untergeordnet sei. Swami Dayananda, ein neuzeitlicher Heiliger, vertraut auf die Kraft der Veden. Diese nehmen die Existenz von zahllosen Geistern oder Seelen an, die seit ihrer Geburt die Früchte des Karmas tragen, bis sie durch rechtes Handeln und durch Gottesverehrung Befreiung erlangen.

Die Ansichten über das künftige Leben und die Natur der Seele sind fast so verschieden wie die Sekten oder Glaubensformen Indiens. Viele schreiben monatliche oder jährliche Zeremonien nach dem Tod vor, als Sraddha bekannt. In diesen werden dem Priester, der die Zeremonien ausführt, Opfer von Nahrung, Getränken und Kleidung dargebracht im Glauben, daß diese den Verstorbenen in einer anderen Welt erreichen. Andere Sachverständige finden solche Zeremonien nicht nur sinnlos, sondern halten sie sogar für eine offenkundige Verletzung des gesunden Menschenverstandes.

Auch im Islam bestehen große Meinungsverschiedenheiten über die Vorstellung des künftigen Lebens. Einige Gelehrte meinen, die Seele käme nach dem Tod zu Gott und würde in glückseliger Nähe bei ihm leben, während nach Ansicht anderer der Mensch zunächst die Belohnungen seiner verdienstvollen Taten in einem herrlichen Paradies genießt. Nach einer bestimmten Lehre des Buddhismus gibt es keine unsterbliche Seele, die unverändert den endlosen Kreislauf von Geburten und Toden durchläuft. Die menschliche Persönlichkeit sei vielmehr das Ergebnis einer Anhäufung materieller Elemente, die Skandhas genannt werden. Diese bleiben durch die Kraft des Karmas als geschlossene Lebenseinheit bestehen und zerfallen wieder zur Zeit der endgültigen Auflösung, d. h. des Nirvana, wenn das alte Karma durch ein recht geführtes Leben getilgt wurde.

Andere glauben an eine individuelle Seele und an ihre Fortdauer im düsteren Kreislauf von Geburt und Tod. Taoisten haben eine andere Ansicht und die Anhänger der Zoroaster noch eine andere. Für unseren Zweck ist es nicht nötig, diese alle zu wiederholen. Es genügt zu erwähnen, daß es in der Welt fast ebenso viele Ansichten über Gott, die Seele und das künftige Leben gibt wie Glauben und Glaubensformen. Dies ist bei der heutigen menschlichen Erkenntnis und Leistung ein sehr ungenügender Zustand und dem verstandesmäßigen Denken der Menschen ebensowenig angemessen wie die Geschichten von Feen und Zwergen, die den Kindern als wahr erscheinen, aber nicht für Erwachsene gedacht sind.

Ich möchte – und dies möge man im Sinn behalten – diese Widersprüche im religiösen Glauben verschiedener Bekenntnisse der Menschheit nicht in kritischem Sinn aufzeigen. Ich achte und verehre die Religion im allgemeinen und jeden gesunden Glauben so hoch, daß selbst der Gedanke an eine zerstörerische Kritik mir völlig fern liegt. Aber es ist absolut notwendig, auf die Irrtümer aufmerksam zu machen, die sich bei der Behandlung des wohl mächtigsten Impulses zu edlen Bemühungen im Herzen der Menschen eingeschlichen haben. Es gibt nicht nur Verschiedenheiten in den Vorstellungen über die Seele und das Jenseits, sondern auch in den verschiedenen Glaubenslehren. Nicht selten widersprechen die Gebote eines Glaubensbekenntnisses ausgesprochen denen eines anderen, wenn auch beide Anspruch auf ihren Ursprung in der göttlichen Quelle erheben. Es ist auch möglich, daß der Urheber dieser Schöpfung so wandlungsfähig und fantasievoll ist, daß Er dem einen das Eine, dem anderen ein Zweites und einem anderen noch ein Drittes sagt. Auf diese Weise spornt er den einen an, sich mit dem anderen über die grundlegenden Fragen des Lebens und Todes auseinanderzusetzen.

Es gibt viele Repräsentanten von Glaubensbekenntnissen, die angesichts der auffallenden Verschiedenheiten meinen: Da jede Lehre für einen bestimmten Ort, eine bestimmte Zeit und für bestimmte Menschen gemeint ist, werden die Widersprüche zwischen ihnen unvermeidlich bleiben.

Wir können auch nicht die Tatsache leugnen, daß jede größere Glaubensrichtung sich in zahlreiche Sekten und Glaubensformen aufsplittert und jedes dieser Teile seine eigenen Gedanken und Vorstellungen hat, die voneinander abweichen – auch wenn sie alle auf der Autorität der offenbarten Schrift gründen. Diese wurde verschieden ausgelegt, um die Ansichten zu unterstützen, die die Gründer einer jeden Sekte lehrten. »Verschieden sind die Veden (die offenbarten Schriften) und verschieden sind die Smritis (die Handbücher des Gesetzes)«, heißt es im Mahabharata. »Niemals wurde ein Weiser geboren, der nicht ein neues Glaubensbekenntnis seinen Anhängern gab. Das Wesen des Dharma ist im Geheimnis verhüllt. Das Fahrzeug der großen Menschen wird zum Pfad.« Diese alte Beobachtung kann auf jede Religion und jeden Glauben angewendet werden, auch auf jede Epoche. Vielleicht hat es in der Geschichte der Menschheit niemals einen Zeitraum gegeben, in dem so viele verschiedene Ansichten über die Seele und Gott bestanden, wie in diesem aufgeklärten Zeitalter.

Der Hauptgrund für diese Tendenz zur Glaubensspaltung ist das Nichtvorhandensein eines übereinstimmenden Denkens nicht nur unter den Anhängern verschiedener Glaubensrichtungen, sondern auch unter den Anhängern einer jeden Weltreligion. Diese Meinungsverschiedenheit entspringt der auffallenden offensichtlichen Tatsache, daß das dem geistigen Phänomen zugrundeliegende Gesetz und der religiöse Impuls im Menschen bisher alle Bemühungen eines Verständnisses vereitelt haben. Es ist leicht, hieraus die Folgerung zu ziehen, daß die strenge Gebundenheit an Gesetze – bei den Bewegungen der Atome bis zu denen der riesengroßen Sonnen- und Milchstraßensysteme – auch im geistigen Bereich ähnliche Zusammenhänge und ähnlichen Zusammenhalt aufzeigt.

Es ist auch offensichtlich, daß der menschliche Instinkt, der eine Ordnung im Kosmos, sowohl in seinen kleinsten Teilen wie im Gesamt entdeckt, selbst nicht ohne System und Gesetz sein kann. Beklagenswert ist es, daß die heutigen Vorstellungen und Aussagen über die verschiedenen Religionen und ihre Gründer nach Unvernunft schmecken. Dies aus folgendem einfachen Grund: Wenn wir annehmen, daß Gott selbst eine bestimmte Lehre einem besonderen Menschen unter Ausschaltung der übrigen offenbarte, dann schreiben sofort Nepotismus und Parteilichkeit einer durch unverletzbare allumfassende Gesetze beherrschten Seinsform zu.

Es gab eine Zeit, in der kein noch so großer Denker die Verwegenheit besaß, die in den Schriften enthaltenen Berichte über Schöpfung und Kosmogonie in Frage zu stellen. Dies war nicht auf eine bestimmte Glaubensform beschränkt, sondern galt für alle Religionen der Menschheit. Wir kennen das historische Beispiel, wie Galilei, weißhaarig, im Alter gebeugt, seine großartigen Entdeckungen im Bereich der Astronomie, von den Würdenträgern der Kirche gezwungen, widerrufen mußte. Scharfe Bestrafung und strengste öffentliche Schmähungen erwarteten in Indien diejenigen, die die Kastenbeschränkungen zu übertreten wagten. Al-Hallaj* wurde zum Märtyrer, weil er seine eigenen, beachtenswerten geistigen Erfahrungen, die denen vieler Yoga-Heiligen entsprachen, ehrlich bekannte, obwohl diese nicht mit dem orthodoxen Glauben übereinstimmten.

Es kann keinen schlechteren Dienst für die Menschheit in diesem entscheidenden Punkt geben als die Verkleinerung der bestimmenden Rolle, die die Religion für die Menschen spielt, um sie auf dem Pfad der Tugend zu halten und ihre Gedanken auf edle und erhabene Ideale des Daseins zu lenken. Ebenso aber kann das Vertrauen, das die Menge auf diejenigen setzt, die okkulte und göttliche Weisheit verkünden, nicht stärker gebrochen werden als durch Leugnung des notwendigen Verlangens unserer Zeit, die Gesetze, die der religiösen Erfahrung und ihren

* Mystischer Märtyrer des Islam.

Erscheinungen zugrunde liegen, zu erforschen. Dies aber geschieht mit außerordentlichem Erfolg in bezug auf die Erscheinungen der physischen Welt. Wir stehen vor einem übermächtigen Problem, wenn wir versuchen, die zahllosen religiösen Fäden zusammenzuknüpfen, etwa von den Zeiten Moses bis auf unsere Tage. Es gibt eine solch ungeheure Menge von Schriften, die zum Teil von Gott stammen sollen, und es bestehen so viele verschiedene Gesichtspunkte, daß es unmöglich scheint, die verschlungenen Strähnen auseinanderzuknüpfen und den Faden herauszufinden, der durch Drehungen und Windungen jetzt den Eindruck einer unentwirrbaren verwickelten Masse macht. Es erscheint mir unwichtig, festzustellen, daß die Mehrzahl der Intelligenz die von mir aufgezeigten Schwierigkeiten im Verständnis der religiösen Mysterien und im Glauben an die verschiedenen Dogmen und Glaubensformen zu dieser oder jener Zeit auch empfunden hat. Nur vermied sie aus verschiedenen Gründen häufig ihren Gefühlen Ausdruck zu geben. Eine große Anzahl unterdrückt ihre Zweifel und Befürchtungen, um eine feindliche Einstellung derjenigen zu vermeiden, die bedingungslosen Glauben verlangen, während andere, von Gefühlen beherrscht, keine Zweifel an Ideen und Glauben üben wollen, die jahrhundertelang von ihren Eltern und Vorfahren hochgehalten wurden. Noch andere besuchen Kirche und Tempel als Formalität, nicht aber um eine tiefe Sehnsucht des Herzens zu befriedigen, die fest überzeugt ist von der Glaubenslehre.

Offen gesagt, ist das intellektuelle Format der durchschnittlichen Menschen sehr hoch entwickelt, verglichen mit seinen Vorfahren vor einigen Jahrhunderten, so daß die Glaubensformen und Dogmen, die unmittelbar für diese galten, nicht mehr bei dem heutigen Menschen ankommen. Wir wollen nicht bestreiten, daß verschiedene Menschheits-Religionen, selbst in ihrer gegenwärtigen Form, eine starke Anziehungskraft auf Millionen über Millionen Anhänger ausüben und die Flamme geistiger Erkenntnis selbst heute noch am Brennen halten. Dennoch können wir nicht den ebenso wichtigen, wenn nicht noch bedeutsameren Aspekt leugnen, daß jede neue Hinzufügung zum Wissen der Menschheit in den Bereichen der Biologie, Kosmogonie oder Psychologie stetig die Reihen der Skeptiker Jahr um Jahr füllt, bis eine Zeit kommt, in der die gegenwärtig organisierten Religionen zu reinen Gerippen reduziert werden, die nicht in der Lage sind, irgendwelchen Einfluß auf die Menge auszuüben.

Ich bin sicher, daß die Führer religiöser Gedanken aller Art diese Katastrophe sehen, aber hilflos sind, sie zu vermeiden. Wir haben schon schmerzhaft erfahren, wie ein einziger Revolutions-Ausbruch jede Spur einer organisierten Religion aus den Ländern fortwischte, die unter seinen Einfluß kamen, so daß in der kurzen Zeit eines halben Jahrhunderts die Intelligenz dieser Länder nun in gleichem Maß dem Gedanken an Gott und den grundlegenden religiösen Bestrebungen gegenüber feindlich gesinnt ist, wie sie früher diese begünstigte.

11. Kapitel
Irrtum der Wissenschaft

Ich möchte mich jetzt besonders an die Wissenschaftler und Gelehrten wenden. So sei es mir erlaubt festzustellen, daß es überhaupt keinen Grund zur Selbstgefälligkeit, noch weniger zum Stolz gibt, wenn man daran denkt, daß die intellektuellen Bemühungen der vergangenen zwei oder drei Jahrhunderte in einem großen Wachstum an menschlichem Wissen gipfeln, in einem beachtlichen Sprung vorwärts in der Technologie, in politischer Freiheit, in der Überwindung von Krankheit, im Sieg über Hungersnöte und im Fortschritt auf anderen Gebieten, die zu Frieden und Glück der Menschheit führen sollen. Ich gehe absichtlich etwas vorsichtig vor, da es noch große Lücken in unserem Wissen gibt, vor allem im Wissen um den menschlichen Geist. Wenn dieses nicht, zumindest jetzt, in größtem Umfang ausgefüllt wird, kann all das wieder zerstört werden, was mit dem Arbeitsschweiß von Jahrhunderten erreicht wurde.

Wenn wir auch die Lücken in unserem Wissen um das physikalische Weltall außer acht lassen – die zunehmenden Probleme, die von der Astronomie gestellt werden, die wahre Natur von Zeit und Raum, die der Milchstraße zugrundeliegende Substanz oder die höchste Form der Materie –, so ist es doch keine Übertreibung, wenn wir behaupten, daß unsere gegenwärtige Kenntnis des Geistes und seiner Werkzeuge, des Gehirns und Nervensystems, noch in ihren Kinderschuhen steckt und völlig ungenügend ist, wenn man sie mit der Information vergleicht, die wir über die physische Welt gesammelt haben. Dieses Mißverhältnis in der Erkenntnis der beiden Welten, in denen wir leben, der äußeren und inneren, macht uns auf der einen Seite zu einem Riesen, auf der anderen zu einem Zwerg. Dies ist ein klares Zeichen für die Anormalität, die ernsthafte Rückschläge auf unsere Gedanken und Handlungen und dadurch auf unser ganzes Leben ausüben kann und auf die Umwelt, die wir uns selbst schaffen.

Wenn wir die offensichtliche Wahrheit immer noch nicht erfaßt haben, daß die Freude am Leben und unser geistiges Glück aus der inneren Quelle unseres Seins strömen, und nicht aus unseren materiellen Besitztümern, dann fehlt uns das wirkliche Verständnis unserer eigenen Natur. Die Vögel in der Luft und die wilden Tiere im Wald leben zufrieden und fröhlich in der Umgebung, die ihnen die Natur bereitet hat. Der Mensch bedarf, aufgrund seines stärker entwickelten Nervensystems und Gehirns, einiger Bequemlichkeiten – gesunde Nahrung, Unterkunft, Kleidung – aber über diese Grund-Notwendigkeiten hinaus ist er für eine fröhliche innere Welt nicht allzu abhängig von äußeren Besitztümern.

Wir wollen diese Behauptung noch etwas ausführlicher untersuchen. Kann man die historische Tatsache leugnen, daß die große Mehrheit der Menschen in den vergangenen Jahrtausenden für ihre seelische Not und Verzweiflung Trost gefunden hat, daß sie in Zeiten der Finsternis und Zweifel Eingebung und Führung erhielt, Erleichterung von Schmerz und Leiden, Frieden in Sorgen und Kummer, Zufriedenheit in Armut und Mangel? Und dies durch aufgezeichnete oder mündlich übermittelte Aussagen von weltberühmten Männern und Frauen, die kaum Anspruch auf wenig irdischen Besitz hatten, deren inneres Gefäß aber so angefüllt war mit größten Schätzen und edelsten Eigenschaften des Lebens, daß sie bis auf den heutigen Tag eine unerschöpfliche Quelle von Kraft und Glück für Millionen Menschen bilden? Wenn wir das einfache Leben der Gründer der Weltreligionen betrachten, die biblischen Propheten, die Seher der Upanishaden, Sokrates, Konfuzius oder andere und die Umgebung, in der sie lebten, dann müssen wir daraus folgern, daß Luxus und Überfülle nicht im geringsten notwendig sind für das Aufblühen des inneren Menschen. Wir können selbst nach den Erfahrungen der Vergangenheit behaupten, daß ihr Fehlen mehr in Harmonie steht zu den noch unbekannten Gesetzen, die die sittliche und geistige Entwicklung des Menschen bestimmen. Können wir leugnen, daß die intelligentesten Männer und Frauen unserer Zeit, deren Namen ganz belanglos sind, in ihren seelischen Konflikten, die heute viel vordergründiger sind als zuvor, weiter Eingebungen und Kraft aus Leben und Äußerungen dieser einfachen, anspruchslosen Denker der Vergangenheit ziehen?

Dies sollte uns ernsthaft, viel ernsthafter als bisher darüber nachdenken lassen, daß wir, trotz aller unserer technischen Leistungen, trotz der riesigen Fortschritte in Kunst und Wissenschaft, trotz der Beschaffung von kaum erträumtem unvorstellbaren Luxus und Bequemlichkeiten in diesem glanzvollen Zeitalter doch nicht vermocht haben, auch nur ein paar Männer und Frauen hervorzubringen, die über die gleiche Haltung, den gleichen Intellekt, die gleiche Moral und Geistigkeit verfügen wie die meisten dieser geschichtlichen Gestalten aus dunkler Vergangenheit, die in einer Umgebung von Nichtwissen, Härten und Mängeln lebten. Es muß also etwas nicht stimmen mit unseren Begriffen über das menschliche Leben, mit unseren Gedanken über die Maßnahmen und die Umgebung, die notwendig sind für die rechte und harmonische Entwicklung des Menschen. Wie kann sich irgendeine Planung der Zukunft, die im Augenblick unternommen wird, als fruchtbar erweisen, wenn wir nicht aus dieser Erfahrung der Vergangenheit eine Lehre ziehen und versuchen, die ernste Lücke in unserem Wissen herauszufinden, die uns im Außen zwar immer reicher werden läßt, kein Zehntel aber unserem innern Schatz hinzufügt. Wenn wir andererseits die Inventur der Welt um uns aufnehmen, können wir nicht verfehlen, auffallende Zeichen und Symptome innerer Armut zu bemerken, die in großer Schnelligkeit das menschliche Leben in einen Vulkan verwandelt, der beim geringsten Zufall oder durch Indiskretion ausbrechen und vollkommene Verheerung nicht nur im Menschen selbst, sondern in jeder Lebensform auf Erden anrichten kann.

Zu Beginn des gegenwärtigen Zeitalters machte Professor J. Tyndall[3] eine, seiner Meinung nach, beachtliche Feststellung. Er entdeckte die Möglichkeit des Lebens in der Materie. Vor ihm

[3] Irischer Physiker, Ende des 19. Jh.

schon hatten harte Männer wie Cabanis[4], G. Büchner, Hobbes[5], Priestley[6], Comte[7], Mill[8], Spencer[9], Heckel, Karl Marx und nach diesen Freud, G. Santayana[10], John Dewey[11], Bertrand Russell und andere mit aller Macht ihres Genius in ihren eigenen besonderen Denkbereichen, unmittelbar oder mittelbar voneinander unabhängig, dem Leben und dem Bewußtsein eine selbständige Existenz abgesprochen. Der Einfluß ihrer Gedanken reicht bis in unsere Tage hinein mit dem Ergebnis, daß nur wenige bekannte Wissenschaftler sich bereit finden, offen mit Gemeinschaften oder Gruppen zusammenzuarbeiten, die am Okkulten oder Übernatürlichen interessiert sind. Die Ironie liegt darin, daß diese mächtigen Gebäude materialistischen oder agnostischen Denkens aufgebaut wurden, während die Materie selbst noch ein Rätsel war und nichts Positives über die Nervenimpulse, die psychische Energie und die verwirrende Aktivität vom Nervensystem und Gehirn bekannt ist. In den alten griechischen und indischen Zivilisationen lebten Atheisten und Agnostiker zusammen mit Weisen und Visionären und waren ebenso scharf in ihrer Analyse und logisch in ihren Argumenten wie ihre heutigen Nachfahren. Sie haben aber nie den tief verwurzelten Drang des menschlichen Herzens unterdrückt, der in religiösen Ideen und Handlungen Ausdruck findet.

Niemand kann die Größe dieser glanzvollen Leuchten unseres Zeitalters leugnen, aber ebenso kann niemand leugnen, daß einige der Grundbegriffe über Geist und Materie, auf denen die Menschen ihre Riesengebäude errichteten, nunmehr Jahrzehnt auf Jahrzehnt von frischen Gedankenwellen fortgespült werden.

[4] Franz. Arzt und Philosoph, Ende 18. Jh.; Mitarbeiter und Freund von Mirabeau.

[5] Engl. materialistisch-positivistischer Philosoph, Anfang 17. Jh.

[6] Engl. Schriftsteller, Anfang 20. Jh.; vorwiegend sozialkritische Romane.

[7] Franz. positivistisch-materialistischer Philosoph, Anfang 19. Jh.

[8] Engl. Philosoph, Anfang des 19. Jh.; Anhänger des utilitaristischen Liberalismus.

[9] Engl. positivistisch-materialistischer Philosoph, Ende des 19. Jh.

[10] Amerik. Dichter, Anfang 20. Jh.; kritischer Realist, suchte eine nicht materielle Vollendung des Endlichen.

[11] Amerik. Pädagoge und Philosoph, Anfang 20. Jh.; bedeutendster Vertreter des Pragmatismus.

So ist der Tag nicht fern, an dem sie, vollkommen abgetragen, herunterstürzen und nur noch als sonderbare Reliquien einer wenig gelehrten Vergangenheit übrigbleiben.

Was sind die Folgen dieser Überbetonung des Körpers, dieser unbegrenzten materiellen Bequemlichkeiten, dieses luxuriösen Lebens im Streben nach Besitz und Macht und der Leugnung der geistigen Natur des Menschen wie der unabhängigen Existenz des Bewußtseins oder einer allmächtigen, intelligenten Ursache des Weltalls, die uns umgibt? Ist die Menschheit edler, glücklicher oder friedvoller geworden, als sie es irgendwann in der Vergangenheit war oder beobachten wir nicht unheilverkündende Sprünge und Brüche in der großen Masse, die einen unmittelbaren Zusammenbruch androhen? Und treten diese gefährlichen Anzeichen nicht auch in den wohlhabenden fortschrittlichen Nationen zutage, die auf dem Höhepunkt materiellen Reichtums stehen und umgeben sind von übertriebenen Segnungen der Wissenschaft?

Welche inneren Qualen treiben Millionen über Millionen junger Männer und Frauen dazu, Trost in sinnestäuschenden Drogen, in unausgesetztem Rauchen und in Alkohol zu suchen, während Millionen andere, müde des geordneten Lebens, von Ort zu Ort trampen, als Hippies und Landstreicher, Rebellen der Gesellschaft, oftmals in einem Zustand der Verlassenheit, äußerst gleichgültig gegenüber Regeln von Benehmen und Verhalten, die der älteren Generation unverletzlich waren. Warum greifen Millionen weitere bei allen Lebenslagen zu okkulten Verhaltensweisen, zu Spiritismus, Astrologie, Askese, zu Yoga und ähnlichem und dies weit mehr als in früheren Zeiten, um sich selbst zu übersteigen und um Antwort auf Fragen zu finden, die kein noch so großes zeitliches Wissen zu geben vermag oder um einen Hunger zu stillen, den keine Menge an materiellem Wohlleben in der Vergangenheit jemals zu befriedigen vermochte? Können wir uns der ins Auge springenden Tatsache verschließen, daß es in keiner geschichtlichen Periode, selbst nicht in dunkelster Zeit, solche Grausamkeiten, Massenmorde, grauenhaften Kriege und blutigen Revolutionen gab als jene, deren Zeuge dieses Jahrhundert ist? Und gibt es nach dem Miterleben solcher Grauen auch nur ein einziges Land, eine einzige Nation auf Erden, die sich nicht für den Krieg vorbereitet, die nicht aufgesplittert ist durch Unstimmigkeiten oder von Revolutionen und Aufständen erschüttert wird, deren Folgen hier oder dort ein Blutvergießen ist, das eine gesicherte Umgebung oder ein geregeltes Leben nahezu unmöglich macht?

Ich möchte auf keinen Fall ein düsteres Bild der Gesamtlage der modernen Welt entwerfen, aber empörende Mißachtung moralischer Werte, Obszönität, Zuchtlosigkeit, Gewaltsamkeit, sexuelle Verbrechen und ähnliches haben sich in stärkstem Maße vermehrt, wie dies aus den meisten Tageszeitungen und Zeitschriften zu entnehmen ist. Vor den Augen vieler, deren Schriften oder Reden die Mauern abbrechen, die durch den Glauben aufgerichtet wurden, um den Menschen vor dem Tierischen in sich zurückzuhalten, zerstäuben altehrwürdige Konventionen, höhere Lebensordnungen, ritterliche Ideen, Ideale des Familienlebens, der Zuneigung und der Liebe, der Keuschheit und Redlichkeit, altruistische und philantropische Ziele, erhabene Ehrenkodexe und alle jene edlen Charaktereigenschaften, die den Menschen vom wilden Tier unterscheiden. Und dies geschieht inmitten des Gelächters und der Verhöhnung der Nihilisten und Antichristen.

Die letzten Tage der Römer, der luxuriösesten Nation, die jemals die Welt gesehen hat, wurde von bestimmten charakteristischen Merkmalen gezeichnet, von denen die Historiker berichten. Diese können als Warnung dienen für das Schicksal, das für die »glanzvolle« Zivilisation unserer Zeit aufgespeichert ist: Zusammenbruch der Familie; die zunehmende Begeisterung für Vergnügen; übermäßige Ausgaben; Verstärkung der Armeen und ständige Bedrohung von Angriffen; Mißbilligung moralischer Werte; Verfall der Religion; politische Unsicherheit und unmäßiges Geschlechtsleben.

Angesichts dieser Tatsachen wird wohl niemand daran zweifeln, daß die moderne Gesellschaft beschleunigt dem gleichen schmachvollen Ende zusteuert, und daß die unheilverkündenden

Zeichen und Symptome, die die nüchternen und verständigen Menschen alarmieren, die Vorboten kommender ernsthafter Schicksalsschläge sind. Es ist eine historische Tatsache, daß niemals eine siegreiche Nation oder machtvolle Dynastie von Königen der Vergangenheit sich des Beginns der Degeneration, des Verfalls und des raschen Absinkens bewußt wurde, bis zu dem Tag, an dem sie selbst auf dem Grund der Erschöpfung ankamen. Sie schrieben ihre wachsenden Probleme und Sorgen den Feinden zu und vergaßen, daß der wirkliche Gegner ihr eigener, in schnellem Maße abnehmender Geist war. Die Schriftsteller, Herrscher, Denker, die geistigen Führer und Gelehrten dieses Zeitalters erkennen, gleichgültig in welchem Land sie leben oder zu welcher Nation sie gehören, nur selten, daß sie durch Anpassung an Geschmack und Wahl der Massen den Prozeß des Untergangs nicht aufhalten können, weil die Verfallserscheinungen in Kunst, Literatur, Philosophie, in sozialen Bräuchen, nationalem Charakter, moralischen Werten und selbst im religiösen Bereich von denen nicht bemerkt werden, die der Greisenhaftigkeit verfallen sind.

Während die religiösen Führer weiter vom Rednerpult aus und in der Presse in meisterhaften Schriften und Reden auf den Segnungen des Glaubens bestehen bleiben, schwellen die Reihen der Ungläubigen an oder neue Glaubensformen und Kulte beginnen sich zu entfalten und führen zu Chaos und Verwirrung, die sich täglich steigern. In gleicher Weise sehen die Politiker, die hochtrabend von Frieden reden, wie Gewaltsamkeit verstärkt zunimmt. Die Moralisten, die den Pfad der Tugend loben, beobachten mit Verzweiflung den vorwärtsdrängenden Strom der Unmoral, ohnmächtig diesen aufzuhalten.

Was ist plötzlich in der Welt aus den Fugen geraten, warum finden sich die Gelehrten machtlos den zunehmenden Gewaltsamkeiten, Unzufriedenheiten und Lieblosigkeiten gegenüber, die sich überall ausbreiten? Die kommunistischen Länder werden davon ebenso überflutet wie die übrige Welt. Selbst ein Optimist wie Julian Huxley mußte zugeben, daß es nur eine glänzende Zukunft für die Menschen gibt, wenn sie sich nicht in einem Atomkrieg zerstören. Dies ist die Ansicht der meisten Denker und Wissenschaftler.

Woher aber kommt dieser Pessimismus, warum werden die Versprechungen der Wissenschaft und Technik mehr zur Quelle der Unruhe und Angst, als daß sie Stolz und Freude erwecken? Dabei ist alles erst der Anfang. Was werden die Folgen eines dritten Weltkrieges sein, wenn dieser ausbricht? Weisen nicht alle Zeichen und Ankündigungen auf einen früher oder später unvermeidlichen Weltbrand hin? In welcher Lage wird die Menschheit sein, wenn ein Rest von ihr vom Druck der Atombomben zerstört, zerschlagen und gebrochen überlebt, um unter den Trümmern der modernen Zivilisation die von der Geschichte gestellte Aufgabe fortzuführen?

Kann irgend jemand auf diese Frage eine Antwort geben oder irgendwer voraussehen, welche Ernte die gegenwärtigen Strömungen von Unrast, Aufstand, Gewaltsamkeit, Blutvergießen, Verderbtheit und Verwirrung einbringen werden? Wenn niemand eine Antwort weiß, dann kann dies bedeuten, daß die Menschheit an einem Faden hängt, und daß ihre Hilfsquellen und all ihr Scharfsinn nunmehr machtlos dem drohenden Ungeheuer gegenüberstehen, das sie erweckt hat. Allein dem falschen Denken und Planen der Gestalter dieser Welt ist die Schuld hierfür zuzuschreiben.

Die Behauptung, diese Unstimmigkeit sei dem Übergang von einem Agrar- zu einem industriellen Gesellschaftsstaat zuzuschreiben oder von einem Landleben zu einem vorwiegend städtischen, das von den Bequemlichkeiten einer fortgeschrittenen Technik umgeben ist, und daß es einer gewissen Zeitspanne bedarf, bis sich die Menschheit daran gewöhnt hat, ist nicht zutreffend. Ebenso falsch ist die Annahme, diese ungesunden Reaktionen – Gewaltsamkeit, Krieg, Empörung, Vergehen, Drogen und ähnliches – seien zurückzuführen auf den Mangel an Anpassung der einzelnen an ihre unbewußten Triebe und Impulse, die gewöhnlich unterdrückt werden.

Gleichfalls unrichtig ist das Argument der Gläubigen, daß alle diese Übel die unvermeidbare Frucht häretischer Tendenzen und die Empörung des Verstandes gegen Gott seien. Auch ist der Standpunkt falsch, daß Laster und Bosheit immer in der menschlichen Natur am Werke waren, jetzt aber offensichtlich hervortreten durch die heute größere Freiheit in Gedanken und Handlungen. Die Erfahrung der Vergangenheit unterstützt keine dieser Behauptungen. Abgesehen von einem einzigen Faktor, dem Einfluß der modernen Technik, der aber allein nicht so verderblich sein kann, sind alle anderen Faktoren, wie Verstädterung, Unterdrückung der unbewußten Triebe, Häresie und die uneingeschränkte Freiheit von Denken und Handeln, auch in der Vergangenheit wirksam gewesen, ohne solche explosiven Situationen in sozialer, moralischer und politischer Hinsicht hervorzurufen, deren wir heute Zeuge sind. Soziale, moralische und politische Übel können solche Proportionen nur annehmen, wenn eine Nation oder ein Volk durch eine falsche Art des Lebens und Denkens dem Verfall ausgeliefert ist. Dieser unnachgiebige Prozeß der inneren Verschlechterung führt letztendlich zu Greisenhaftigkeit und Tod – den Strafen des Himmels für einen kollektiven Bruch der Gesetze der Evolution. Dies ist das Urteil der Geschichte.

Es ist die größte Tragödie unserer Zeit, daß die heutigen Denker mitgerissen wurden von dem überwältigenden Einfluß wichtiger Entdeckungen von seiten der Wissenschaft, in der Meinung, sie hätten für die meisten Rätsel, mit denen sie konfrontiert wurden, eine Lösung gefunden und dadurch Ansichten über die verschiedenen Faszetten des menschlichen Lebens, über Hoffnungen und Bestrebungen, Bewußtsein und Geist des Menschen, über das Ziel des Daseins, über diese Welt und das Nachher äußerten, die in mancher wesentlichen Hinsicht so unrichtig sind wie die Vorstellungen der Alten über die physische Welt. Ihr größter Irrtum hierbei ist die allgemeine Ablehnung der Religion und des Übernatürlichen als eines Phänomens, das durch die von der Wissenschaft angenommenen Methoden nicht zu beweisen und deshalb nicht wert ist, in den Bereich der wissenschaftlichen Forschung hineingenommen zu werden. Einer der Hauptgründe, der für diese kompromißlose Stellung der Wissenschaft gegenüber der Religion verantwortlich ist, liegt in der dogmatischen Haltung der Glaubenswächter selbst, die blinde Annahme der in einem Glaubensbekenntnis enthaltenen Lehre verlangen. Ein anderer liegt dem übertriebenen Nachdruck, der auf die göttliche Einmischung und Theophanie als mehr oder weniger charakteristisches Merkmal aller Religionen der Menschheit gelegt wird.

Wäre man bedächtiger vorgegangen, so hätte man die Tatsache nicht übergangen, daß es, einschließlich der Politik, keinen anderen Faktor gibt, der solchen Einfluß auf das Leben der Menschen vom frühesten Altertum bis auf den heutigen Tag ausgeübt hat wie die Religion und keiner so reichtlich beigetragen hat am Wachstum der Zivilisation und Kultur wie sie. Eine Institution oder geistige Haltung, die sich Tausende von Jahren durch alle Wechselfälle hindurch, denen die Menschheit unterworfen war, bewahrt hat, kann nicht auf reiner Fantasie oder Täuschung beruhen oder auf Betrug und Luftblasen, die Priester erfanden. Sie muß ein festeres Fundament haben, das im menschlichen Organismus begründet ist.

Sicher ist dies nicht eine pathologische oder hysterische Vorliebe gewesen, sonst hätte sie nicht durch alle Stufen der menschlichen Entwicklung, vom primitivsten bis zum jetzigen kulturellen Stand hindurch bestehen können. Es würde auch bedeuten, daß die edelsten Menschen diesen Spleen in einer stärkeren Form besaßen als der Durchschnittsmensch. Eine solche Voraussetzung würde zu dem unsinnigen Entschluß führen, daß die höchsten Denkleistungen in bezug auf die höheren Ziele des Lebens nur bei einem ungeordneten Zustand des menschlichen Gehirns möglich sind. Es ist offensichtlich, daß Vorurteil der Hauptgrund dafür ist, daß die Erforschung einer der wichtigsten und beständigsten Erscheinungen des menschlichen Geistes unterlassen wurde. Selbst ein gelegentliches Studium der Weltreligionen mußte dem unparteiischen Gelehrten beweisen, daß nach allen religiösen Lehren eine bestimmte vorgeschriebene Weise des Lebens und Verhaltens und gewisse vorgeschriebene geistige und physische Schulungen den ernsthaft Suchenden als Leiter dienen können, um zu Gott oder zu Bewußtseinsstufen zu gelangen, auf denen die Kommunion mit den Göttlichen möglich werden kann.

Die religiöse Lehre Indiens ist in dieser Beziehung besonders reich, und es ist selbst für einen gelegentlichen Beobachter nicht im geringsten schwer festzustellen, daß seit undenkbaren Zeiten Hunderte über Hunderte von hochverehrten Weisen und Sehern unwiderlegbares Zeugnis ablegen von der Wirksamkeit der verschiedenen Methoden und Disziplinen, die vorgeschrieben sind für die geistigen Einsichten und übernatürlichen Gaben in Verbindung mit irgendeiner Religionsform. Später wurden diese Methoden und Lehrsysteme unter dem allgemeinen Namen Yoga bekannt und bestehen unter dieser Bezeichnung bis auf den heutigen Tag. In den letzten Jahren haben auch Sri Ramakrishna, Maharshi Ramana und Sri Aurobindo, drei hervorragende Vertreter dieser alten Kultur, vorbehaltloses Zeugnis für die Wirksamkeit dieser Systeme abgelegt und für die außergewöhnlichen Erfahrungen, die ihnen entstammen.

Der vernünftigste Weg, die Wahrheit der Religion zu prüfen und ihre Ansprüche anzunehmen oder abzulehnen, wäre eine Untersuchung dieser Lehren und Übungen, nachdem ein vergleichendes Studium all dieser Systeme, die in den verschiedenen Erdteilen bestehen, stattgefunden hat, und nach den erlangten Ergebnissen ein Urteil abzugeben. Bisher hat dies noch keine Gruppe von Wissenschaftlern getan. Sie hätten sich dafür nur dieser Forschung widmen müssen in gleicher Weise wie zahllose Gruppen und Gesellschaften dies für die noch unerklärten Rätsel der physischen Welt tun. Die Entscheidung, die Ansprüche des Glaubens zu ignorieren und diese nicht im Bereich der Wissenschaft zuzulassen, wurde also ohne Prüfung gefällt, eine höchst unwissenschaftliche Art, mit einem solchen hartnäckigen Phänomen umzugehen.

Eine Gesellschaft für »Psychical Research« wurde vor kurzem mit der Absicht gegründet, eine andere Kategorie von Phänomenen zu erforschen, die sich auf paranormale Manifestationen in gewissen, besonders begabten Menschen beziehen und die nicht mit den Begriffen der bekannten wissenschaftlichen Gesetze zu erklären sind. Selbst diese Forschung, die in einer skeptischen Umgebung unternommen wurde, brachte wertvolle Informationen und entscheidende Aussagen über den Wert der Telepathie oder, mit anderen Worten, über die Möglichkeit einer unmittelbaren Kommunikation zwischen zwei Denktätigkeiten, ohne irgendein bekanntes Verbindungsglied einzuschalten. Vorahnung, Prophetie und Hellsehen haben, wenn auch nicht folgerichtig aufgezeigt, und die gewichtigen Anhaltspunkte, die physische Phänomene, wie Telekinese, Levitation, Materialisation etc., lieferten, waren so groß, daß die Möglichkeit ihres Vorhandenseins nicht ganz und gar ausgeschaltet werden konnte.

Die Möglichkeiten aber, die die Religion selbst anzubieten hat, wurden nicht erforscht. Die Äußerungen geistig Erleuchteter der Vergangenheit, die Tausende von Jahren mit großer Ehrfurcht behandelt wurden, sind ohne Prüfung einfach abgelehnt worden. Es ist Brauch geworden, die geistigen Phänomene mit Begriffen von Atomen und Molekülen, aus denen die Gehirnsubstanz besteht, zu erklären. Die optimistischer Denkenden warten auf den Tag, an dem sie die Genen manipulieren können, um nach Wahl menschliche Embryos hervorzubringen. Andere sehen die Produktion von Babies »aus der Tube« schon für die nächste Zukunft voraus.

Jedes Wort, das ein Wissenschaftler schreibt, soll als unumstößliche Wahrheit gelten, während das Wort einer Heiligen Schrift mit Zweifel und Argwohn betrachtet wird. Das Rad des Schicksals, das einst dem Glauben einen solchen Aufstieg gab, daß er der einzige Schiedsrichter wurde für das, was ein Mensch annehmen oder nicht annehmen soll – unabhängig vom Zeugnis der Sinne und dem Urteil des Verstandes –, hat sich nun gedreht und zur entgegengesetzten Situation geführt, so daß der Verstand die Entscheidungen trifft und – bedauerlicherweise – desselben Mißbrauchs schuldig wurde. Die summarische Verdammung der Religion, die nicht für würdig gehalten wird, von Wissenschaftlern beachtet zu werden, war, wie die Zeit erweisen wird, einer der gröbsten Fehler, die jemals Menschen begingen.

Denn unter dem losen und manchmal fantastischen Kleid des Glaubens liegt das größte Geheimnis des Seins verborgen, das das Schicksal der Menschheit in gleicher Weise beherrscht wie die Anziehungskraft der Sonne den Umlauf der Erde.

Wenn man die alten Schriften Indiens mit Aufmerksamkeit studiert, findet man überall Bezugnahme auf dieses noch unbekannte geistige Gesetz. Man kann die gesamte religiöse Weltliteratur als Ausdruck dieses mächtigen Gesetzes betrachten, das die Propheten und Weisen der Vergangenheit intuitiv erfaßten. Nicht nur in den Shrutis, den offenbarten Schriften, zum Beispiel den Veden, sondern auch in den Smritis, den Handbüchern des Gesetzes, und in den Puranas, das heißt in der Mythologie, wurden die Natur dieses Gesetzes, ihre Hinweise und Möglichkeiten wieder und wieder erörtert und mit übernatürlichen Berichten und Episoden geschmückt, die dem Nichteingeweihten den Zugang zu dem innersten Kern versperren.

Es ist unleugbar bewiesen, daß dieses Geheimnis anfangs in einer weit zurückliegenden Vergangenheit entdeckt wurde, noch ehe die Arier nach Indien kamen. Denn es gibt unmißverständliche Zeichen, die darauf hinweisen, daß es den Hindu-Bewohnern der Tal-Zivilisation dreitausend Jahre vor der Geburt Christi bekannt war. Um Unklarheiten zu vermeiden, möchte ich gleich vorwegnehmen, daß es ein biologisches Gesetz ist, das man – ebenso wie den Blutkreislauf – in einem Laboratorium nachweisen kann. Tragisch aber ist, daß die Spezialisten und Gelehrten unserer Tage das menschliche Gehirn als einen versiegelten Bereich behandeln, der in seinen Funktionen ebenso begrenzt ist wie das Gehirn eines Tieres, obwohl man unleugbar aufzeigen kann, daß bei besonders veranlagten Menschen, wie etwa Medien, Sensitiven, Mystikern und Sehern, oder bei Wunderkindern und genialen Menschen die normale menschliche Begrenzung in einem erregenden Maß und in einer Weise, die von der Wissenschaft aus keine befriedigende Erklärung finden kann, überschritten wird. Die Gelehrten, die sich in den alten Spuren bewegen, behaupten weiter, daß die verwirrende Vielfalt des Gehirns und die riesige Zahl von Gehirnzellen ein genügender Grund sei für jede paranormale Erscheinung, die bei Menschen auftritt. Dies bedeutet mit anderen Worten, daß die Wissenschaftler dieser Art die gleiche dogmatische Haltung einnehmen gegenüber den noch unerklärbaren geistigen Phänomenen, wie die Kirchenlehrer dies vor einigen Jahrhunderten den unbegreiflichen physischen Erscheinungen gegenüber taten.

III. Kapitel
Entwicklung als Antwort

Die offensichtliche Erklärung, daß das menschliche Gehirn sich noch in einem Zustand der Entwicklung befindet und daß die außergewöhnlichen Erscheinungen, die von diesen ungewöhnlichen Männern und Frauen bezeugt werden, nur die abweichenden Manifestationen eines höheren Bewußtseinszustandes sind, der natürlicher Besitz des Menschen der Zukunft sein wird, mag bei Biologen noch wenig Gefallen finden. Sie wird aber in vollkommener Weise durch ihre eigenen Theorien über den Ursprung des Menschen bestärkt und fügt sich genau in diese ein.

Die Erscheinungen sind noch abweichend und entziehen sich oft der Kontrolle der Betreffenden selbst, weil noch ein großer Abgrund besteht zwischen der augenblicklichen Verfassung des menschlichen Gehirns und dem höchsten Zustand der Vollkommenheit, die es erlangen wird, wenn erst diese sogenannten übernatürlichen und paranormalen Gaben zum natürlichen Besitz, zumindest der voll entwickelten Glieder der Menschheit geworden sind. Bis dahin können wir begreiflicherweise von der großen Mehrzahl derer, die mit diesen Talenten als natürlicher Erbschaft geboren sind, nur unvollkommene, abwegige oder unvollständige Zeugnisse erwarten, wie dies bei Medien, psychisch Kranken und selbst bei einigen Arten von Mystikern der Fall ist.

Grund hierfür ist die Tatsache, daß die Verbindung von Sachverhalten und die vorhandenen hygienischen Faktoren im gegenwärtigen Zustand der Gesellschaft nur fehlerhaft sein können, nachdem diese noch gar nichts von dem mächtigen Gesetz weiß. Zweifellos aber wurden, aufgrund einer unglaubhaften Verbindung von Faktoren, vollendete Arten des vollkommenen Menschen der Zukunft in seltenen Zwischenräumen geboren wie etwa Buddha, Christus, Vyasa und andere, die durch ihre höhere Art von Bewußtsein und durch den Besitz paranormaler Gaben ihre Zeitgenossen mit ihren außerordentlichen psychischen und intellektuellen Talenten in Erstaunen setzten. Ohne Kenntnis des Gesetzes wurden diese Begabungen für bestimmte, von Gott geschenkte Vorzüge gehalten.

Das gleiche Phänomen läßt sich während der Übergangsperiode vom Menschenaffen zum Menschen erkennen. Noch verkümmerte, unfertige Arten des kommenden intelligenten Menschen müssen hier und da erschienen sein und die oberste Grenze des allgemeinen Denkniveaus des Untermenschen überstiegen haben, bis der Übergang vollendet war. Von Zeit zu Zeit werden diese »Menschen« in hohem Maße dazu beigetragen haben, gesündere Lebensweisen und bessere gesellschaftliche Bedingungen zu schaffen, in sehr ähnlicher Weise wie die Erleuchteten seit Aufdämmern der Geschichte eine bessere Organisation des menschlichen Lebens und der Gesellschaft durch Beispiel und Vorschrift bewirkten, um den Entwicklungsprozeß zum Gipfel hinauf zu erleichtern.

Die Erklärung für die bewundernswerte Zähigkeit, mit der die Menschheit an der Lehre der Propheten und Weisen, selbst unter zahlreichen Blutbädern und Leiden, festhielt – ein geheimnisvolles Phänomen, das sich allen Versuchungen einer rationalen Lösung bis zum heutigen Tag entzogen hat –, liegt darin, daß diese Lehre in der einen oder anderen Form, in weniger oder größerem Ausmaß, wertvolle Hinweise auf die Art des Lebens und der Organisation der Gesellschaft enthält, die notwendig sind, um den noch in der Menschheit wirksamen Forderungen des Impulses zum Fortschritt zu begegnen. Diese Lehre, die von der höchsten Stufe des Bewußtseins ausgeht und die natürliche Begabung des Menschen der Zukunft ist, der weiter vorausschauen kann als der Intellekt, wurde als Offenbarung aufgenommen. Denn sie ist nicht das Ergebnis normalen Denkens, sondern entstammt einem Bewußtsein, das noch weiter über die Kapazität des natürlichen Gehirns hinausreicht.

Wir befassen uns daher, wenn wir uns mit der Religion und jeder übernormalen Manifestation des menschlichen Geistes beschäftigen, mit dem Phänomen der Evolution, die in äußerst seltenen Fällen Männer und Frauen in Erscheinung bringt, die in kleinster oder unvollkommener Weise ein oder mehr der außergewöhnlichen Talente hervorbringen, die die natürliche Ausstattung des zukünftigen Menschen sein wird. Aller Wahrscheinlichkeit nach wurden die Symptome, die die anormalen Zustände der Mystiker und Medien begleiten, in vorgeschichtlichen Zeiten in Indien oder einer noch früheren Kultur sorgfältig von den Zeigenossen geprüft, um die Ursachen der außergewöhnlichen Gegebenheiten zu ergründen. Die gewöhnlichen Erklärungen, daß die Manifestationen Ergebnis des Ergriffenseins eines Menschen von einem Geist oder Dämon oder von einem göttlichen Wesen waren, ließen – selbst wenn sie bereitwillig angenommen wurden – bei dem Primitiven noch die Frage offen, wie dieses sich ereignen könne. Natürlich müssen die physischen Symptome dieser Manifestationen mit gleicher Sorgfalt untersucht worden sein, um das Geheimnis der seltsamen Begabungen herauszufinden, die Kräfte und Fähigkeiten weit über der Kapazität des Durchschnittsmenschen aufwiesen.

Auch Medien verfügen in verschiedenem Ausmaß über das allgemeinste mystische Phänomen: den Trance. Nach der Beobachtung von Meyers werden »während des Trancezustandes Atem und Blutzirkulation heruntergedrückt. Der Körper ist mehr oder weniger kalt und steif und bleibt in der gleichen Lage, die er bei Beginn der Ekstase angenommen hat, auch wenn diese Haltung noch so mühsam und unnatürlich ist... Eine ohnmachtähnliche Verfassung kommt auch bei gewissen Typen von Hysterie vor, so, wie sie bei Medien und sensitiven Menschen in Seancen auftritt«.

Man kann sich leicht vorstellen, daß die Wagemutigeren unter den primitiven Beobachtern dieser seltsamen Erscheinungen immer wieder versucht haben, die gleichen psychophysischen Verfassungen in sich selbst hervorzurufen – Unempfindlichkeit, verminderten Atem, eine starrkrampfartige Haltung des Körpers –, und zwar mit Hilfe verschiedener Methoden, in denen das Zurückhalten des Atems (in Nachahmung der angeborenen Zustände), jetzt als Pranayama bekannt, eine bedeutende Rolle spielte. Während solcher Amateurversuche muß sich irgendwo eine höchst bemerkenswerte Übereinstimmung ergeben haben zu der Erscheinung des sonderbaren Phänomens, das in einem für diese Erfahrung schon bis zu einem gewissen Grade reifen Menschen zur Entdeckung eines der größten im menschlichen Körper verborgenen Geheimnisse der Natur führte, zum Geheimnis der Kundalini.

Es würde zu weit führen, wenn ich auf die Einzelheiten dieser Entdeckung einginge. Das verfügbare Material umfaßt mehrere Bücher, die von Zeit zu Zeit erscheinen werden. Hier mag die Feststellung genügen, daß dieses sagenhafte Kraftreservoir, das die Veden, die ältesten aufgezeichneten religiösen Schriften der Welt, Gayatri nennen – die Grundlage aller geistigen und okkulten Übungen, die einzige Quelle aller mystischen Erfahrung und paranormalen Erscheinungen – das gesuchteste Objekt indischer Forschung in den vergangenen Tausenden von Jahren gewesen ist. Meister auf Meister haben in nicht mißzuverstehenden Begriffen voller Ehrfurcht und Anbetung das Dasein und die Wirksamkeit dieses wunderbaren psychosomatischen Kraft-Mechanismus in festgelegten Berichten bezeugt und ihn als eine Allwissende und Allmächtige Göttliche Energie angesehen, als den Schöpfer jeder Lebensform im Weltall.

Von besonderem Interesse in bezug auf die Probleme unserer Zeit ist die Tatsache, daß in Hunderten dieser Schriften die biologischen Reaktionen, die beim Erwachen des Kraftzentrums im Körper geweckt werden, in klar verständlichen Begriffen so gut beschrieben wurden, wie es das allgemeine Wissensniveau jener Zeit erlaubte. Diese Schriften geben dem modernen Forscher, der auch nur eine flüchtige Kenntnis der Physiologie besitzt, wichtige Anhaltspunkte. Die Berichte sind so zahlreich und inhaltsvoll, weisen trotz der Verschiedenheit von Zeit und Ort so genau auf die gleiche Erfahrung hin, und sind häufig auch so ernsthaft in ihrer Ausdrucksweise, daß man sich wundern muß, wie die bedeutungsvolle Natur dieser Entdeckung den scharfen Augen der neuzeitlichen westlichen wie östlichen Gelehrten hat entgehen können, die einige dieser Werke studiert und übersetzt haben.

Obgleich ein guter Teil des inneren Mechanismus des menschlichen Körpers durch die lobenswerten Bemühungen westlicher Gelehrter bekannt wurde, ist er doch noch ein unergründliches Geheimnis, selbst für die gebildetsten Gelehrten unserer Zeit. Besonders der Bereich des Denkens ist noch am wenigsten von allen Gebieten erforscht. Das Geheimnis ist so tief und die Gelehrten sind so wenig für seine Lösung vorbereitet, daß fast niemand bereit wäre, die überwältigende Wahrheit zu glauben, daß als Maßstab der Entwicklung ein subtiler Prozeß im durchschnittlichen menschlichen Körper am Werke ist, der zur Bildung einer biochemischen Essenz flüchtiger Art führt, die ohne weiteres in ein psychisches Strahlen von hoher Potenz umgewandelt werden kann. Vom rationalen Standpunkt aus sollte kein unvoreingenommener Wissenschaftler ungläubig einer solchen Möglichkeit gegenüberstehen, aus dem einfachen Grund, weil in jeder Lebensform die Produktion nervlicher und psychischer Energie beständig weiter Gehirn und Nervensystem ernährt, wenn auch die Art, wie dies bewirkt wird, die Natur der Energien und die Methode ihrer Entstehung aus den groben Bestandteilen des Organismus bisher noch nicht der Wissenschaft bekannt sind.

Persönlich aber kann ich behaupten, daß der Prozeß der Entwicklung zum Hervorbringen einer noch mächtigeren Form dieser biochemischen Substanzen führt, die als Brennstoff für die psychische Energie in ihren verschiedenen Formen dienen.

Es wäre lächerlich, zu bestreiten, daß das am sorgfältigsten ausgearbeitete Laboratorium der Erde, nämlich der menschliche Körper, nicht ohne weiteres eine Substanz dieser Art herstellen kann unter dem Einfluß entwicklungsfördernder Impulse, die in ihm wirksam sind. In einer winzigkleinen Dosierung von einem dreihunderttausendsten Teil eines Grammes, einem Staubkörnchen gleich, erzeugt Lysergsäure Diäthylamid – gemeinhin als LSD bekannt –, eine Umwälzung im menschlichen Bewußtsein und kann sogar in seltenen Fällen zu Wahnsinn, Selbstmord oder Mord führen. Eine unglaubliche Auswirkung solcher kleinen Dosis. Die Wissenschaftler können nicht feststellen, was im

Körper vorgeht, sondern nur die Wirkung aus den Folgen erkennen. Ist in Analogie hierzu die Annahme unverständig, daß der Körper in sich eine subtile Substanz enthält oder herstellen kann, die durch keine im Augenblick vorhandene Prüfungsmethode zu entdecken und die dennoch so mächtig ist, daß sie in Form von Strahlung das menschliche Bewußtsein auf weit höhere Bewußtseinsebenen führen kann, auf denen andere Bereiche der Existenz und andere Systeme des Seins in den Kreis menschlicher Wahrnehmung treten?

Von besonderer Wichtigkeit hierbei ist die Tatsache, daß das Vorhandensein dieser biochemischen Substanz und ihre Umwandlung in Strahlung – als natürliches Geschehen oder unter dem Einfluß gewisser Übungen und Schulungen – nicht nur auf Treu und Glauben hingenommen werden muß, sondern unter strengsten laboratorischen Bedingungen bei bestimmten Kategorien von Menschen beobachtet und bezeugt werden kann. Diese Beobachtung kann immer erneut wiederholt werden, bis das Gesetz genau erkannt ist.

Ich betone diesen Punkt, weil ich selbst die gesamte Phänomenologie dieser Erfahrung mehr als dreißig Jahre in mir beobachtet habe, und weil dieser Erfahrung nicht nur in einigen, sondern in Hunderten über Hunderten authentischen Dokumenten bestätigt wird, die seit vorgeschichtlichen Zeiten nicht nur aus Indien, sondern auch aus Tibet, China, Japan und dem Mittleren Osten stammen. Die schriftlichen Beweise sind so überwältigend, daß kein vernünftiger Mensch ihnen auch nur einen Augenblick mißtrauen kann. Daß sie noch keine Revolution im modernen Denken hervorgerufen haben, liegt vor allem daran, daß viele dieser kostbaren Dokumente in einer sogenannten Zwielichtsprache, Sandhya Bhasha, geschrieben sind, das heißt in einer versteckten Form, die zwar jenem völlig verständlich ist, der die Erfahrung selbst hatte, dem Nichteingeweihten aber völlig fremd bleibt.

Wenn die verfügbaren Werke über dieses Thema aufgeschlossen werden – und dieser Versuch wird unternommen –, dann werden nicht nur die rätselhaften Stellen, sondern auch die verschleierten Anspielungen auf die Veränderungen durch Erwachen der Kundalini, die in den heiligen Schriften wie in anderen priesterlichen Überlieferungen Indiens stehen, leicht verständlich. Betrachtet man den Umfang der alten Literatur über dieses Thema allein in Indien, dann bedarf es eines Teams von Gelehrten, die einige Jahre lang die unklaren Schriften aufzuschlüsseln hätten.

Es erhebt sich jetzt die Frage, wie die Phänomene, die sich auf Kundalini beziehen, beweiskräftig dargestellt werden können, um den Anforderungen wissenschaftlicher Untersuchung zu entsprechen, wobei die dokumentarischen Studien dies mit überzeugendem Material unterstützen würden. Die Antwort ist einfach; denn genau bei diesem Problem konnte meine eigene Erfahrung, wenn sie auch zeitweilig von fürchterlichen Schmerzen begleitet war, mir eine unschätzbare Hilfe leisten, als sollte mit Absicht ein armer durchschnittlicher Mensch, wie ich es bin, in das Mysterim eingeweiht werden.

Meine Erfahrung hat deutlich die wunderbare Tatsache enthüllt, daß das Phänomen der Kundalini, obgleich von einer unmittelbaren, doch zugleich in der Ausführung ihrer Wirksamkeit eindeutig erkennbaren Überintelligenz geführt, völlig biologischer Natur ist. Wahrscheinlich beweist kein anderes Schauspiel, nicht einmal die unglaublichsten übernormalen Zeugnisse der Mystiker und Medien so deutlich die Existenz einer Allesdurchdringenden Allwissenden Intelligenz hinter den unendlich verschiedenen Lebenserscheinungen wie die Wirksamkeit einer eben erwachten Kundalini. Hier wird der Mensch zum ersten Mal mit aller Schärfe der verblüffenden Tatsache gewahr, daß diese unvorstellbare Kosmische Intelligenz an jeder Stelle im Universum anwesend ist und unsere ganze Persönlichkeit – Ich, Bewußtsein, Intellekt und alles andere – nur eine unendlich kleine Blase auf diesem grenzenlosen Ozean ist. Die Annahme, daß auch nur ein Teil dieses Bewußtseins-Meeres jemals ausgelöscht werden oder seine Existenz verlieren könne, ist widersinniger als die Vorstellung, daß es auf der Sonne Nacht geben kann. »Aus diesem Meer (dem Ozean des Lebens), in dem nicht einmal ein Senfkorn Platz haben kann (das heißt, daß es keine Dimension hat)«, sagt die Yogini Ialla, »trinken alle Lebewesen Wasser (haben sie ihr Sein). Aus ihm werden Hirsche, Schakale, Rhinozerosse und See-Elefanten (alles Lebensformen) geboren und sinken wieder darin zurück.«

Durch das Erwachen der Kundalini beginnt eine erstaunliche Aktivität im gesamten Nervensystem vom Scheitel des Kopfes bis zu den Zehenspitzen. Im Hatha-Yoga stimmt diese Tätigkeit mit den Fähigkeiten überein, die erfolgreiche Eingeweihte durch Pranayama erlangt haben. Es gibt im allgemeinen nur sehr wenige solcher Eingeweihten, denn die Wirksamkeit geht nur schrittweise voran, so daß sie in den ersten Auswirkungen kaum wahrzunehmen ist. Bei Menschen, deren Nervensystem als Ergebnis günstiger Erbanlage schon höher entwickelt ist, kann das Erwachen der Kundalini ganz plötzlich auftreten, bewirkt durch Methoden des Hatha- oder Raja-Yoga oder durch irgendeine andere Schulung, die mit Konzentration das Ziel zu erreichen sucht.

Sobald ein solches Erwachen stattfindet, erfährt der normale biologische Rhythmus des Körpers unmittelbar eine drastische Veränderung, die sich völlig der Kraft und Kontrolle des Sadhakas entzieht. Sein Körper ist jetzt in ein Miniatur-Laboratorium verwandelt, das Tag und Nacht mit höchster Geschwindigkeit arbeitet. In chinesischen Schriften wird dieses Phänomen als »Kreislauf des Lichts« beschrieben und in indischen Handbüchern als das »Aufsteigen der Shakti«, der Lebensenergie.

Nerven in allen Körperteilen, deren Existenz vom normalen Bewußtsein niemals empfunden werden, werden jetzt von einer unsichtbaren Kraft zu einer völlig neuen Art von Tätigkeit gezwungen, die dem Sadhaka unmittelbar oder nach und nach wahrnehmbar wird. Sie beginnen, durch alle ihre zahlreichen Endungen, einen dem Nektar gleichen Extrakt aus den umliegenden Geweben herauszuziehen. Dieser strömt in zweierlei klar erkennbaren Formen als Strahlung oder als feinstoffliche Essenz in die Wirbelsäule. Ein Teil der Essenz überschwemmt die Zeugungsorgane, die nun auch ungewöhnlich aktiv werden, als wollten sie Schritt halten mit der Aktivität des gesamten Nervensystems. Das Strahlen strömt in das Gehirn, erscheint als leuchtende Wolke im Kopf und fließt zur gleichen Zeit durch die Nerven. Dabei regt es alle lebenswichtigen Organe an, vor allem die Organe der Verdauung, um ihre Funktionen dem neuen, in dieses System eingeführten Leben, anzupassen.

Mit anderen Worten zeigt das Erwachen der Kundalini das Phänomen der Wiedergeburt, auf das sich in offenen oder verschleierten Ausdrücken die religiöse Überlieferung der Menschheit bezieht. Es ist nunmehr eine mächtigere und direktere Verbindung hergestellt zwischen dem individuellen und dem kosmischen Bewußtsein. Aufgrund des Austauschs von Prana, der verbindenden biologischen Kraft, die auf sich selbst einwirkt, führt der Körper, der nunmehr stillschweigend neuen Impulsen und Führungen gehorcht, einen erregenden Prozeß der Verjüngung aus, der Nevensysteme und Gehirn überholen soll, bis eine neue Art von Bewußtsein oder – anders ausgedrückt – ein neuer innerer Mensch geboren ist.

Die Beschreibung des ganzen Vorgangs würde allein einen Band füllen und soll in ein anderes Werk aufgenommen werden. Hier sei nur erwähnt, daß während des ganzen Verwandlungsprozesses neben dem Blut und anderem Brennmaterial, das im Körper vorhanden ist, jedes Teil des mächtigen Zeugungsstromes im Organismus durch den Kanal der Wirbelsäule aufgesogen wird, um die verschiedenen Nervenverbindungen und das Gehirn aufzuspülen und zu ernähren. Dieses gesamte biologische Verfahren wird in solcher fehlerlosen Weise ausgeführt, daß selbst ein Anfänger der Physiologie dies bemerken muß. Der männliche Samen wird in Überfülle erzeugt, so daß ein kleiner Strom Tag und Nacht durch die Wirbelsäule in den Kopf aufsteigt, um die reichste und reinste Nahrung für die nunmehr stark überanstrengten Gehirnzellen zu beschaffen.

Bei Frauen werden die in den Ekstasen ausgelösten Sexualenergien und -sekretionen als Brennmaterial benutzt. Dies ist ein vollkommenes Beispiel für die Vorsorge und die Findigkeit der Natur, den Körper mit allen Notwendigkeiten auszustatten, die

die Vollendung des Entwicklungsprozesses benötigt, der normalerweise Äonen von Jahren dauert, nun aber in der kurzen Zeitspanne eines Lebens möglich wird. Die stärkende Nahrung, die durch die jetzt in reicher Überfülle hergestellte Samen-Essenz geliefert wird und jeden Teil des Gehirns mit dem cerebrospinalen Fluidum versorgt, ernährt die Gehirnzellen und die Nervenfasern, indem sie diese zu höherer Aktivität anstachelt. Solches ist notwendig für das Hervortreten eines umfassenderen Bewußtseins als das bisher manifestierte.

Auf dieses Phänomen der Verwandlung oder Wiedergeburt bezieht sich Christus, wenn er in gleichnishafter Sprache in seinem Dialog mit Nikodemus sagt: »Wahrlich, wahrlich ich sage dir: Es sei denn, daß jemand geboren werde aus Wasser und Geist, so kann er nicht in das Reich Gottes kommen... Was vom Fleisch geboren wird, das ist Fleisch; und was vom Geist geboren wird, das ist Geist. Laß dich's nicht wundern, daß ich dir gesagt habe: Ihr müßet von neuem geboren werden.« Bei den Hindus berechtigt die Bezeichnung »Zweimal Geborener«, die den höheren Kasten gilt, zum Tragen der heiligen Schnur, die drei Stränge hat, Symbol der drei Nervenkanäle der Kundalini. Hierdurch wird die Möglichkeit einer gleichen geistigen Wiedergeburt angezeigt, die diese Menschen erfahren können.

Es ist erstaunlich, daß ein so tragweiter Begriff, auf dem das ganze Gebäude der hinduistischen Gesellschaft im Zeitalter der Veden beruhte, seine wahre Bedeutung durch den Wandel der Zeit verloren haben soll. Die Betonung der Keuschheit oder Brahmacharya, die den meisten Religionen gemeinsam ist, liegt deutlich in der Tatsache begründet, daß für ernsthafte Sucher der Erleuchtung die Notwendigkeit geboten ist, den Samen zu erhalten, um die dringenden Ansprüche der erwachenden Kundalini erfüllen zu können. Von jeder Seite aus betrachtet, ist der Kult der Kundalini der Grundstein aller echten religiösen Erfahrung, die den geistigen Meistern der Vergangenheit in vielen Teilen der Erde bekannt war. Aufgrund einer seltsamen Ironie des Schicksals ist diese lebensnotwendige Kenntnis sehr selten in unserem aufgeklärten Zeitalter geworden. Dies ist die Art, wie die Natur den Hochmut des Menschen straft.

Unter gewissen Gelehrten herrscht die falsche Vorstellung, daß verwandelter Samen der unmittelbare Grund für geistige Erfahrung sei. Wie leicht begreifbar ist, setzt sich der menschliche Samen aus zwei Bestandteilen zusammen: aus den groben organischen Substanzen und aus dem subtilen Prana, der Lebensenergie. Im Augenblick wissen wir über letztere noch gar nichts. Prana ist nicht nur Produkt des Zeugungsvorgangs, sondern wird mit Hilfe der Nerven aus dem gesamten Körper herausgezogen. Diese Prana-Essenz, die in zahlloser Menge aus den Nerven gewonnen wird, strömt als Strahlung beim Erwachen der Schlangenkraft in das Gehirn. Die verstärkte Nerven- und Seelenkraft, die nun im Körper kreist, fließt direkt in Wirbelsäule und Gehirn. Dadurch entstehen die seltsamen, unheimlichen Phänomene, die das Erwachen der Kundalini in den Anfangsstadien charakterisieren. Die groberen Substanzen werden für die besondere Ernährung gebraucht, die die cerebrospinale Wirksamkeit verlangt, um den Entwicklungsprozeß zu einem erfolgreichen Ende zu führen.

Die unbegrenzte Möglichkeit sexueller Befriedigung, die dem Menschen von der Natur erlaubt wird, hat offensichtlich einen höchst wichtigen Hintergrund. Die kostbare organische Substanz und die konzentrierte Energie, die im Samen liegen, können anstatt für ein augenblickliches Vergnügen verbraucht zu werden, auch für den einsetzenden Verjüngungsprozeß als Kräftigungsmittel verwendet werden zur Ernährung der Nerven und Gehirnzellen, um eine Metamorphose des inneren Menschen zu bewirken. Durch keine andere, der Wissenschaft bekannte und von außen zugeführte Nahrung, kann diese wunderbare Verwandlung erreicht werden.

Wenn auch ohne weiteres zugegeben werden muß, daß die augenblicklich vorhandenen Untersuchungsmethoden die im Bewußtsein des Eingeweihten sich vollziehende Verwandlung nicht entdecken können – auch nicht mit mechanischen Vorrichtungen –, so ist doch keineswegs zu leugnen, daß das streng biologische Phänomen, z. B. die intensive Aktivität der Geschlechtsorgane, die beim Mann deutlich wahrnehmbar ist und der unaufhörliche Fluß der Zeugungssubstanzen in die Wirbelsäule, in die vitalen Organe und das Gehirn ebenso wie die veränderte Aktivität des Verdauungssystems, zeitweilig auch des Herzens – mit Hilfe der in der alten Literatur über dieses Thema verfügbaren Informationen – unschwer zu beobachten ist.

Behauptungen wie jene, daß während dieses Vorgangs der shukra (Samen) austrocknet oder dünn wird, daß das männliche Organ zusammenschrumpft oder der sexuelle Hunger verlorengeht – Aussagen der alten Handbücher – übermitteln den heutigen Gelehrten, die in dieser Forschung arbeiten, bedeutsame Teilinformationen. Ein altes chinesisches Werk: »Das Geheimnis der Goldenen Blüte« enthält unmißverständliche Hinweise auf diesen Vorgang, die jeder, der nur ein wenig über dieses Thema weiß, nicht übersehen kann. Und doch findet C. G. Jung in seinem Kommentar zu diesem Buch, da er vollkommen in seinen eigenen Theorien über das Unbewußte befangen ist, trotz der unzweideutigen Art der Feststellungen nur Material zur Bestätigung seiner eigenen Gedanken und nichts darüber hinaus.

Gleiche Beobachtungen stammen aus einem Seminar, das er über Kundalini hielt und dessen schriftliche Zusammenfassung im Jung-Institut noch zur Verfügung steht. Nicht einer der anwesenden Gelehrten zeigte, wie dies aus ihren Ansichten hervorgeht, das geringste Wissen über den wahren Sinn dieses ehrwürdigen Kultes und die ungeheure Bedeutung der alten Lehre, die sie diskutierten.

IV. Kapitel
Methode der Entwicklung

Aus dem Vorhergehenden könnte man leicht folgern, daß paranormale Leistungen und ein transzendentaler Bewußtseinszustand, die nur einigen Menschen möglich sind, auch von anderen erreicht werden können, vorausgesetzt, daß die biologischen Faktoren, die bei ihnen der Manifestation zugrunde liegen, auch bei diesen vorhanden sind. Unmöglich kann man annehmen, daß Gott oder die Natur parteiisch für jene eingestellt sind, die außergewöhnliche Gaben besitzen und ihren Geist mit diesen Eigenschaften ausstatten als Zeichen besonderer Begünstigung. Eine vernünftigere Erklärung für die Erscheinungen – es sei denn, man wolle eine dogmatische Haltung einnehmen – wäre, ihnen eine biologische Ursache zuzuschreiben und durch Studium und Experimente herauszufinden, wo das Geheimnis liegt. Niemand kann leugnen, daß das menschliche Bewußtsein selbst der Ausdruck eines biologischen Organs ist, das außerhalb des Organismus in keiner Form jemals wahrgenommen werden kann. Deshalb ist es wohl verständlich, daß bei jeder größeren Abweichung vom normalen Bewußtseins-Modell auch eine entsprechende Veränderung im biologischen Organismus stattfinden muß.

Das Brennmaterial für die Tätigkeit des menschlichen Gehirns wird nicht, wie manchmal angenommen, allein durch das Blut geliefert. Der wirkliche Brennstoff des Gedankens ist die psychische Energie, die von einer beschränkten Anzahl von Nerven beliefert wird, nachdem sie aus verschiedenen Teilen des Körpers herausgezogen wurde. Beim Erwachen der Kundalini ist das gesamte Nervensystem bald auf die Aufgabe konzentriert, so daß ein stärkerer Brennstoff in Form von Strahlung in das Gehirn einströmt. Dieser steigert das Gehirn zu einer solchen Aktivität, daß ein äußerst erweitertes Bewußtsein, das einen überwältigenden Einfluß auf den Eingeweihten ausübt, nun zu anderen Seinsebenen aufsteigt und das alte, enge, von Sinnen beherrschte

Bewußtsein, das sich niemals über streng abgesteckte Grenzen erheben kann, ablöst.

Das hauptsächliche Hindernis für eine empirische Darstellung der Bewußtseinsveränderung liegt in der noch nicht entdeckten Methode, die Natur oder Kraft der psychischen Energie zu bestimmen, die das Gehirn benutzt. Sobald dies erreicht ist, wird es möglich sein, das subjektive Phänomen, wie etwa die Erweiterung des Bewußtseins, nachzuweisen. Im Augenblick haben wir absolut keine Methode, um die Verschiedenheit der Bewußtseinsart eines Genies und eines Durchschnittsmenschen zu bestimmen, wenn auch dieser Unterschied sowohl im Volumen des Bewußtseins wie in der Natur der eingesetzten psychischen Energie vorhanden ist.

Bis nicht Natur und Eigenschaften der Lebensenergie oder des Prana, die dem Denken als Brennstoff dienen, von der Wissenschaft bestimmt sind, werden die heutigen Gelehrten von dem Phänomen des Geistes und des Bewußtseins in gleicher Art vor den Kopf gestoßen sein wie die Alten von dem Nordlicht, dem Blitz, Donner und ähnlichem, solange die Elektrizität nicht entdeckt und damit das Problem gelöst war. Der praktischste Weg für ein Studium dieser undefinierbaren Substanz, die weit wunderbarer ist als jede andere der physischen Welt, ist die Erforschung des Phänomens der Kundalini. Wenn einmal der Schlüssel gefunden ist, kann es bei den gegenwärtig hochentwickelten Methoden nicht schwer sein, mit Geduld der Spur zu folgen, bis überzeugende Feststellungen über das neue Forschungsfeld zusammengetragen sind. Der Bereich des Bewußtseins ist dennoch so überwältigend, daß die Geheimnisse und Überraschungen niemals aufhören werden, auch nicht für die höchste Intelligenz.

Positive Beweise für die inneren Veränderungen aber können die erfolgreichen Eingeweihten auch schon auf unserer Ebene liefern. Sie taten dies in Hunderten von bemerkenswerten Fällen in Indien und anderen Ländern. Diese Berichte können keinen Zweifel an der alles übertreffenden Art der bewirkten Metamorphose lassen. Die Veränderung, die im Bewußtsein entsteht, kann von keinem ausgemalt werden, der ohne diese Erfahrung ist. Wer sie dagegen hatte, erfährt die erstaunliche Vision, daß er das dem Bewußtsein zugrundeliegende übermenschliche Sein oder einen übermenschlichen Seinszustand, etwa den Brahmans erblickt, der alles ihm Bekannte, einschließlich des ganzen Universums, übersteigt. Es ist deshalb nicht verwunderlich, daß diejenigen, die durch die gesamte Vergangenheit hindurch diese Vision hatten, den Schöpfer selbst zu erblicken meinten.

In den letzten Jahren haben Tennyson[12], W. Wordsworth[13], Marcel Proust[14], Bucke[15] und andere etwas ähnliches – wenn auch unter andersartigen Umständen – wie die Mystiker erfahren, ohne sich diesen strengen geistigen Schulungen zu unterziehen, die gewöhnlich mit der geistigen Entfaltung verbunden sind. Wenn eine genaue Forschung unternommen wird, entdeckt man, daß in der Vergangenheit auch die »grundlose Gnade« ein allgemeines Merkmal aller mystischen Erfahrung war, als wären diese Menschen schon von Geburt an ausgestattet oder bedürften nur eines kleinen Anreizes, um diese Erfahrung zu empfangen.

Die äußerst verschiedenen Berichte religiöser Erfahrung sind auf die Unterschiede der mentalen Ebene, auf die Gedanken und die kulturelle Entwicklung der Ergriffenen zurückzuführen. Für eine eingehende Untersuchung des Phänomens ist ein Team von Gelehrten und Wissenschaftlern notwendig, zu denen Skeptiker wie Gläubige gehören. Diese müßten für eine genügend lange Zeit in einem Geist der Hingabe einen Übungs-Kurs absolvieren, wie dies bei anderen wissenschaftlichen Untersuchungen geschieht. Dabei müßte die ethische Haltung berücksichtigt werden, die hierfür notwendig ist. Dann wären die Ergebnisse auszuwerten.

Selbst ein einziger Fall der Erweckung von Kundalini würde

12 Engl. Dichter des viktorianischen Zeitalters.

13 Engl. Republikaner, Anfang 19. Jh.; pantheistischer Dichter.

14 Franz. Romanschriftsteller, Anfang des 20. Jh.; bahnbrechend durch seine psychologische und assoziative Methode.

15 Kanadischer Philosoph (»Cosmic Consciousness«).

genügen, um die biologische Natur des Phänomens festzustellen und die verschiedenen Veränderungen und Entwicklungen, die eintreten, zu beobachten. Der Stoffwechsel des Körpers wird stark beschleunigt, und es findet ein innerer Prozeß des Gehirnaufbaus und des Kreislaufs statt, der in gewissem Sinn den Vorgängen bei einem Embryo im Mutterleib verwandt ist. Dies geschieht so lange, bis das Bewußtsein völlig umgestaltet und ein höherer geistiger Zustand entstanden ist. Alles kann durch die erweckte Kundalini erreicht werden, wenn erst einmal die Möglichkeit der Umgestaltung praktisch vorgeführt ist und die darin enthaltenen biologischen Faktoren den Wissenschaftlern bekannt sind. Man kann sich leicht vorstellen, auf welche Ebenen der Wahrnehmung das Gehirn erhoben werden kann, wenn es während des Vorgangs der Erneuerung unablässig von der stärksten Nervennahrung gespeist wird, die auf keine andere Weise erlangt werden kann. Sie wird von den Zeugungsorganen in erregendem Überfluß unter dem Anstoß einer neu geschaffenen Aktivität hergestellt, die der Wissenschaft völlig unbekannt ist.

Es ist nicht im geringsten notwendig, allein auf die Berichte dieser Geschulten über ihre Erfahrungen der inneren Veränderungen angewiesen zu sein. Es gibt auch unverkennbare äußere Zeichen, die diese Veränderung aufzeigen, selbst messen lassen. Nach der Verwandlung muß der Eingeweihte ein Genie oder ein Virtuose hohen Ranges werden, mit einer außergewöhnlichen Ausdruckskraft in Dichtung wie Prosa oder mit ungewöhnlichen künstlerischen Talenten. Einige der alten Propheten und Seher sind historische Beispiele dieser Metamorphose. Vorausschau, Heilkräfte, psychische Talente und andere wunderbare Gaben können sich gleichzeitig mit der Genialität entwickeln. Ein moderner Intellektueller mit einer gesunden Konstitution und edlen Charaktereigenschaften kann sich zu einem geistigen Wunder entfalten, zu einem Menschen von solchen außergewöhnlichen Gaben und Talenten, daß er den bewundernden Augen der Menge als Idol erscheint. Er besitzt eine Faszinations- und Anziehungskraft, über die nur die zu stärkst magnetischen

Menschen verfügen. Auf diese Weise kann die bewirkte Verwandlung auffallendes Zeugnis über die Wirksamkeit des Prozesses ablegen, der durch Kundalini erzeugt wird.

Ich behaupte dies in vollster Verantwortung für die Genauigkeit meiner Aussagen. Es gibt zahllose Bücher, die in jeder Einzelheit meine Behauptung unterstützen. Der Erklärung für die Verwandlung ist leicht zuzustimmen. Der Mechanismus der Entwicklung wird in einem gewissen Zustand der Reife mit Hilfe geeigneter Methoden zu einer solchen intensiven Aktivität angestachelt, daß der Zyklus der Evolution in einer Lebenszeit vollendet werden kann und der Mensch auf die nächst höhere Bewußtseinsstufe gehoben wird, die von der göttlichen Ordnung für ihn bestimmt ist.

Es besteht überhaupt keine Schwierigkeit für eine wissenschaftliche Erforschung des Phänomens, wenn man die Ebenen seiner Tätigkeit kennt. Die biologischen Reaktionen im Körper sind nicht mißzuverstehen. Der unaufhörliche Vorgang des einsaugenden Samenflusses und sein Einströmen in den Kanal der Wirbelsäule, in die Nervenkreuzungen der vitalen Organe und ins Gehirn bleiben nicht unsichtbar.

Das Symbol eines aufgerichteten Zeugungsorgans bei manchen Götterstatuen in Indien ist Zeichen von Urdhavaretas, oder dem Aufwärtsströmen der Zeugungsessenz, um die Verwandlung des Bewußtseins zu bewirken. Das Phänomen ist so alt und so weit verbreitet, daß es erstaunlich ist, daß die moderne Wissenschaft auch jetzt noch nichts davon ahnt. Der Heiligenschein oder die Aureole um die Köpfe von Heiligen und erleuchteten Weisen ist symbolisch für die innere Erleuchtung, die bei der Verwandlung des Bewußtseins auftritt. Eine bemerkbare Veränderung in den Verdauungs- und Ausscheidungsfunktionen des Körpers tritt während der Verwandlung ein.

Noch auf andere Entwicklungen können die Forscher aufmerksam gemacht werden, wenn man ein Projekt zur Untersuchung ausarbeitet. Es ist offensichtlich, daß von der subjektiven wie der objektiven Seite aus das Phänomen ebenso bezeugt werden kann wie jede andere Funktion des menschlichen Körpers.

Jetzt aber erhebt sich die Frage, warum eine so überwältigende Bedeutung auf diese Untersuchung gelegt wird, wenn das höchste Ziel, die Erweckung der Kundalini, nur diese Bewußtseinsveränderung ist, die sich nach den alten Berichten in einer äußerst begrenzten Zahl von Fällen auswirkt und das Phänomen deshalb nicht von Bedeutung oder Interesse für die gesamte Menschheit sein kann. Die Nichtigkeit dieser Frage zeigt sich, wenn wir uns daran erinnern, welche ungeheuren Revolutionen im menschlichen Leben und Denken von der Handvoll geistig genialer Menschen hervorgerufen wurden, die während der geschichtlichen Zeitperiode auf verschiedenen Erdteilen geboren wurden. Dieser Faktor allein stellt ein Phänomen solchen Ausmaßes dar, daß es die Erforschung der Kundalini zu einer dringenden Notwendigkeit aller Zeiten macht. Es gibt aber noch viele andere gleich wichtige Faktoren, die, zusammengenommen, Kundalini im Grunde zum Schiedsrichter des menschlichen Schicksals machen und deshalb bei weitem den stärksten Einfluß auf das Leben des Menschen ausüben.

Ein anderer bedeutsamer Faktor ist die bestimmende Rolle, die Kundalini in der Beschaffung eines Zugangs für die Befriedigung der tiefverwurzelten religiösen Impulse im Menschen gespielt hat. Wir wissen alle, daß der Drang nach transzendentaler Erfahrung oder nach Lösung des Rätsels unseres Seins in mehr oder weniger starkem Ausmaß in den meisten Menschen vorhanden ist. In manchen Fällen nimmt er ein solches überwältigendes Gewicht an, daß sein Einfluß auf das Leben der stärkste ist. Selbst bei Skeptikern fehlt nicht der Wunsch, das Geheimnis der Schöpfung zu lösen. Kein Versuch der Gelehrten aber, auch wenn er von allen wissenschaftlichen Entdeckungen unterstützt wird, kann den Schleier durchdringen, weil auch dieser Schleier Schöpfung des Intellekts ist. Nur wenn man sich selbst überschreitet, beginnt das Licht die Finsternis zu durchdringen und das Problem zu lösen wie Schatten bei Anbruch der Morgendämmerung vergehen.

Die Erhöhung des Bewußtseins kann nur durch die von Kundalini bewirkte Verwandlung und durch keine andere menschliche oder göttliche Wirksamkeit geschehen. Die augenblickliche schnelle Vermehrung von Sekten und Glaubensrichtungen, die die orthodoxen Wächter der verschiedenen Religionen unmöglich aufhalten oder auch nur erklären können, hat ihren Ursprung in dem steigenden Druck auf das Gehirn, den der religiöse Drang verursacht, das unvermeidliche Ergebnis der Zivilisation und der verfügbaren Freizeit. Dieser Druck kann nur durch die erweckte Kundalini erleichtert werden.

Die Millionen über Millionen Männer und Frauen, die Trost in okkulten Erfahrungen jeder Art, in Yoga, Drogenerlebnissen, in Gebet und Verehrung oder in irgendeiner anderen Form von geistiger Bemühung erhoffen und voller Eifer die Führung von Lehrern und Meistern suchen, überlassen sich oft, ohne daß sie es wissen, einem unbewußten Drang nach Erweckung der Kundalini, der fast so mächtig ist wie das Verlangen einer gesunden jungen Frau nach einem Kind. Selbst in den kommunistischen Ländern wird in den nächsten Jahrzehnten der immer stärker zunehmende Druck des unerbittlichen Entwicklungsprozesses die Fesseln durchbrechen, die eine politische Ideologie, die nichts von diesem Gesetz weiß, geschmiedet hat, um den gesunden Ausdruck des religiösen Impulses zu unterdrücken. Wenn dieser Ausbruch noch weiter verleugnet wird, kann der Druck auf der Suche nach einem Abfluß zu der gleichen Gewaltsamkeit führen, die zuvor benutzt wurde, um ihn zurückzuhalten. Die Geschichte wird sich in der umgekehrten Richtung wiederholen, bis das Gesetz erkannt und ihm Gehorsam geleistet wird.

Wir wollen jetzt zu einem anderen ebenso wichtigen Aspekt der Kundalini übergehen. Die moderne Psychologie hat uns mit all ihrem verfügbaren Wissen genügsam das Ergebnis der Leugnung, Unterdrückung oder Verzerrung eines tiefverwurzelten Impulses im Bewußtsein des Menschen gezeigt. Wir kennen schon die ungesunden Auswirkungen, die durch Leugnung oder Unterdrückung anderer tief eingewurzelter natürlicher Neigungen, wie des Zeugungsdranges und des mütterlichen Instinkts, entstehen. Wäre es falsch in Analogie hierzu anzunehmen, daß die gleichen Ergebnisse aus der Unterdrückung oder Leugnung des religiösen Impulses auftreten können und daß auch sie zu geistiger Unruhe, Depression, Perversion, körperlicher Gestörtheit, zu anormalem Benehmen und, in äußersten Fällen zu Wahnsinn führen können?

Kundalini ist die Quelle des religiösen Verlangens im Menschen. Dies bedeutet, daß eine Lebens- und Verhaltensweise oder ein Gesellschaftssystem, die ihre rechtmäßige Aktivität durchbrechen, niemals zu Frieden und Glück führen können, sondern im Gegenteil psychische und physische Störungen im einzelnen wie in der Gruppe auslösen. Der religiöse Impuls ist nicht wie der Zeugungsdrang statisch, sondern dynamisch in seinen Auswirkungen. Oder anders ausgedrückt: Er wird nicht durch die »Nahrung« immer und immer wieder beruhigt, sondern verlangt eine Veränderung in der Sättigung entsprechend dem vorhandenen Entwicklungsstand und dem Scharfsinn des Intellekts. Werden diese nicht anerkannt, dann sucht er blindlings andere Ersatznahrung, um den innerlich nagenden Hunger zu stillen. Man kann sich deshalb nicht über die Vielfalt an Glaubensformen in diesem Zeitalter wundern. Die Neigung hierzu wird sich so lange ausbreiten, bis die rechte Nahrung gefunden ist.

Geistige Verwirrung und Psychosen sind im augenblicklichen Zustand unseres Wissens über dieses Nervensystem nicht selten die möglichen Folgen eines plötzlichen Aufstiegs der Kundalini. Diese Möglichkeit wurde schon immer von den in diese Wissenschaft Eingeweihten erkannt. Auf frühen künstlerischen Darstellungen wird die Göttin stets in einer Haltung gezeigt, in der sie mit einer Hand das Zeichen der Furchtaustreibung macht. Angst ist eins der allgemeinsten Symptome für Neurosen und Psychosen. Die Einweihungs-Zeremonien in Indien und Tibet und abstoßende Übungen wie das Sitzen mit gespreizten Beinen auf einem Leichnam – eine Meditations-Übung, zu der man in manchen Fällen greift – sind nichts anderes als grobe Methoden, um den Geist des Eingeweihten gegen die unvorstellbar beängstigenden Phasen des Erwachens zu stärken.

Es ist leicht verständlich, daß die Übungen, deren Ziel das

Erwecken der Schlangenkraft ist, manchmal zu einer gewaltigen und plötzlichen Öffnung des Zentralkanals und des hiermit in Verbindung stehenden Bereichs im Gehirn führen, wenn der Organismus noch nicht auf eine solche Entwicklung eingestimmt ist. In solchen Fällen erwarten den Eingeweihten furchtbare Prüfungen, die nur einige überleben. Man kann sich unschwer vorstellen, daß ein schneller, mit aller Verantwortung übernommener Flug zu höheren Bewußtseinsebenen, der in allen Yogaformen enthalten ist, nicht ohne ein gewisses Risiko von den ernsthaft Suchenden unternommen werden kann, solange nicht Geist und Körper sich durch entsprechende Methoden daran gewöhnt haben. Zu diesen gehört besondere Willenszucht.

Gehen wir nun zu einem anderen Merkmal der Religion über, dann finden wir, wie ich schon anfangs andeutete, daß primitive Religionen ein Bündel von Aberglauben waren, anstößige Formen der Verehrung, wilde Rituale und Mythen. Da der Impuls zur Evolution ein Teil und Stück des psychosomatischen Organismus des Menschen ist und keine wunderbare Eingebung Gottes für Auserwählte oder die Gedankenschwingung irgendeines Propheten, ist es nur natürlich, daß der Ausdruck des Impulses dem psychologischen Niveau der Menschen entspricht. Wir können deshalb nicht erwarten, daß die Religion der Barbaren und Primitiven die Verfeinerung und Erhabenheit besitzt, die in der geschichtlichen Zeit unter den zivilisierten Nationen der Erde verbreitet ist. Wir können auch nicht erwarten, daß die religiösen Vorstellungen und Ideen, die vor Tausenden von Jahren vorherrschten, die gleiche Anziehung und denselben Reiz auf einer höheren Verstandesstufe der Menschen behalten. Eine gewisse Empörung gegen die veralteten Gedanken und Formen der Verehrung oder Rituale ist deshalb nur eine natürliche Folge der seelisch-geistigen Entwicklung der Menschheit.

Der unerbittliche Fortschritt der Zeit muß die gleichen Revolutionen in der geistigen Sphäre hervorrufen, die dieser auf sozialen und politischen Gebieten auslöste und weiter auslöst, um sich den Notwendigkeiten des menschlichen Fortschritts anzupassen.

Alle krampfhaften Einflüsse können nur die Agonie des Widerstandes gegen eine unvermeidbar vorwärtsstürmende Flut in die Länge ziehen. Das pilzartige Wachstum der zahllosen neuen Kulte und Glaubensformen zeigt den ersten Anstieg der Flut an und das eifrige Suchen der Massen nach einer befriedigenderen geistigen Nahrung als die von anderen Glaubensformen angebotenen.

Wir kommen jetzt zum wichtigsten Aspekt der Kundalini. Man kann leicht verstehen, daß der Impuls zur Evolution nicht nur in den einzelnen, sondern auch in einem kollektiven Sinn am Werk ist. Die Biologen erkennen jetzt deutlich den Einfluß der Entwicklungsprozesse auf die Erweiterung der Ökologie einer ganzen Art oder Gruppe. Es ist offensichtlich, daß man von Zeit zu Zeit den Forderungen der sich entwickelnden psychomentalen Struktur der einzelnen wie der Menschheit entgegenkommen muß, um den Notwendigkeiten der Wachstumsentwicklung und den Veränderungen der sozialen, politischen und moralischen Umgebung begegnen zu können. Wo diese Anpassung verzögert wird, was zur Verlangsamung des Wachstums führt, treten Aufstände, Revolutionen und Kriege auf, um durch umfangreiches Blutvergießen und Leiden das zu bewirken, was durch friedliche Mittel hätte erreicht werden können, wenn man das zugrundeliegende Gesetz gekannt und seine Art der Wirksamkeit verstanden hätte.

Ständige Verletzung des Gesetzes und vorherrschende soziale, moralische und politische Bedingungen, die nicht in Einklang stehen mit den Notwendigkeiten des Fortschritts müssen letztendlich zu unaufhörlichem Aufruhr, zu Überalterung und Verfall führen. Die alten Zivilisationen, Kulturen und Kaiserreiche vergingen, nachdem sie ein gewisses Niveau des Aufstiegs erreicht hatten, da sich das Leben der Völker nicht dem politischen, moralischen und sozialen Standard anpaßte, den das als Ergebnis der Evolution erreichte geistige Format auf dem Höhepunkt ihrer Geschichte verlangte.

Die plötzliche oder allmähliche Verfinsterung der aufsteigenden Nationen der letzten wenigen Jahrhunderte wurde durch die gleichen Ursachen bewirkt. Die Verfallstendenzen, die jetzt fast in der gesamten Menschheit als Folge der heutigen fehlerhaften Lebensweisen eingesetzt haben und die nicht vergleichbar sind mit dem augenblicklichen Entwicklungszustand der Menschheit, entstammen den gleichen Faktoren. Keine von der Wissenschaft zur Verfügung gestellten Annehmlichkeiten, keine neuen uns überschwemmenden Erfindungen, keine psychologischen Heilmittel, auch keine Fülle an Erziehung können dieses unheilvolle Wachstum aufhalten, bis nicht die Forderungen der Evolution erfüllt sind. Die Gefahr für die Menschheit, die durch eine beständige Vernachlässigung dieser Bedingungen im augenblicklichen Stadium der technischen Entwicklung entsteht, ist zu deutlich, um der Beachtung, selbst der einfachsten Beobachter, zu entgehen. Der Grund aber, warum die wirksamen Mittel, die diese Gefahr beenden könnten, nicht angewendet werden, liegt darin, daß die gegenwärtigen Denkgewohnheiten zu eingewurzelt sind, als daß man sie verändern könnte, ein letztes Symbol des Zerfalls.

Es ist eine geschichtliche Tatsache, daß alle Gründer der bestehenden Weltreligionen und die großen Propheten, Mystiker und Seher, die den Anspruch erheben, den Zugang zur Gottheit erreicht zu haben, Männer und Frauen von ungewöhnlichem intellektuellem Scharfsinn waren. Die meisten von ihnen waren auch im Besitz von übernatürlichen Gaben, von Prophetie, Hellsicht, Heilkräften und ähnlichem und herrschten über die Elemente. Man weiß auch, daß wunderbare Kräfte seit vorhistorischen Zeiten in Propheten und Heiligen wirkten. Selbst in unserer Zeit nimmt man im allgemeinen an, daß vollendete Yogi, Heilige und andere geistige Menschen auf irgendeine Weise Kontakt mit den subtilen Kräften der Natur aufnehmen, die jenseits der Reichweite gewöhnlicher Menschen liegen, und diese zu beherrschen vermögen.

Wie wir sahen, ist die hochpotenzierte psychische Strahlung, die Kundalini aus dem wunderbaren chemischen Laboratorium des menschlichen Körpers herstellt, Quelle aller übernatürlichen Bewußtseinszustände, die den Propheten, Sehern und Mystikern aller Kategorien gemeinsam sind. Da Genie, hoher intellektueller Stand und wunderbare Gaben gemeinsam übernatürlichen Bewußtseinszuständen entspringen, entstammen Genius und Wunderkräfte auch der Wirksamkeit der Kundalini. Hieraus ergibt sich, daß das höchste intellektuelle und künstlerische Talent bei Genien und Virtuosen und die psychischen oder übernatürlichen Kräfte bei Medien, Sensitiven und anderen, die die Gabe der Heilung und andere Psi-Fähigkeiten besitzen, aus der gleichen Quelle fließen, wenn auch diese Menschen nicht in dem Bewußtseinszustand der Schau sind, der Mystikern und Sehern eigentümlich ist. Im aktuellen Fall liefert dieses Phänomen einen wertvollen und genauen Beweis, der die Tatsache unterstützt, daß Kundalini im Menschen die Energie und der Mechanismus ist, der die Evolution bewirkt.

Nur ein Entwicklungsprozeß kann zu den außergewöhnlichen Bildungen des Gehirns führen, die biologisch notwendig sind für die Entfaltung von Talent und Gaben, völlig jenseits der Kapazität des Gehirns. Wenn man die Verwandlung betrachtet, die in jedem Bereich des menschlichen Lebens und Denkens von nur wenig Hunderten talentierter und begabter Menschen die ganze Geschichte hindurch bewirkt wurde, dann kann es wohl keine Forschungslinie von größerer Bedeutung und mehr Segen für die Menschheit geben als jene, die den Weg aufzeigen könnte zum Anzapfen der erstaunlichen Quelle, die diese unschätzbaren Gaben herausströmen läßt und dadurch die Entfaltung des Genius zu einer für den Menschen praktisch vollziehbaren Leistung macht.

Als natürliche Folge der bisherigen Feststellungen erhebt sich hier die Frage: Wenn die Schlangenkraft die Quelle ist, die hinter dem Genie und den intellektuell oder künstlerisch hochentwickelten Talenten liegt, dann muß sie auch verantwortlich sein für die genialen Bösen der Geschichte, für die hochbegabten militärischen Befehlshaber, Diktatoren und Demagogen, die die Menschheit in Blut tränkten und ebenso für die menschlichen Ungeheuer, die, jedem moralischen Gefühl entfremdet, mit ihrem Trieb und Genius für das Verbrechen die fürchterlichsten

Handlungen ausführen und die entsetzten Leser ihrer grauenhaften Taten voller Angst erzittern lassen. Dies ist der boshafte und zerstörerische Aspekt der Kundalini, der von den alten indischen Weisen in Gestalt der Kali symbolisiert wurde, die von Kopf bis Fuß schwarz gefärbt, mit einem von menschlichem Blut triefendem Mund, einen abgetrennten menschlichen Kopf in der einen Hand und einer Girlande von Totenschädeln um ihren Hals dargestellt wird.

In ihrer segensreichen Form ist Kali Durga, die Schöpferin, die Unwissenheit und alle Übel und Leiden zerstreut; in ihrer bösartigen Form ist sie Kali, die Göttin der Zerstörung, häufig Schutzgöttin derer, die in böse Handlungen verstrickt sind, der Raubmörder, Banditen, Schwarzmagier und ähnlicher.

Es ist unglaublich, daß ein lebenswichtiges Geheimnis: die Existenz eines biologischen Plans im menschlichen Körper, der den Menschen zu göttlicher Größe erheben und mit übernatürlichen Gaben und Tugenden ausstatten kann, wie im Fall der Erlöser und Weisen, oder ihn in ein Ungeheuer zu verwandeln vermag, wie bei den menschlichen Geißeln der Vergangenheit und Gegenwart, noch ein versiegeltes Buch für die Aufgeklärten unserer Zeit ist, obwohl man es in Indien seit Jahrhunderten kennt. Das Nichtwissen um ein furchtbares Geheimnis der Natur hat die Menschheit den Schrecken grauenhafter Kriege, Revolutionen, unmenschlicher Leiden und überwältigender Verluste in diesem Jahrhundert ausgesetzt. Keine Fülle an materiellem Reichtum und Wohlstand kann die Menschheit vor den Verwüstungen bewahren, die hochbegabte anormale Menschen, in denen Kundalini in einer bösartigen Gestalt erwacht ist, im Verfolgen ehrgeiziger Ziele anrichten. Da ihr Griff auf die Massen unwiderstehlich, ihre Organisationskraft ohnegleichen und ihr militärisches Geschick unübertrefflich ist, kann schon ein einziges Exemplar dieser Art im augenblicklichen Stadium der technischen Kenntnis die gesamte Menschheit zerstören und alles vernichten, was diese während der letzten Tausende von Jahren geleistet hat.

Der einzige Silberstreif in den dunklen Wolken, die die Menschheit gegenwärtig bedrohen, ist die wissenschaftliche Anerkennung dieses allmächtigen Gesetzes, die auf ernsthafter Forschung beruht. Die Menschheit kann sich weder jetzt noch in den folgenden Jahrzehnten leisten, mit dem Feuer zu spielen und durch ihre Unkenntnis des furchtbaren Gesetzes fortschreitende Geburt böser Genien auslösen, die verhängnisvoll für das Überleben der Menschheit ist. Es erhebt sich deshalb die Frage, wie eine göttliche Kraft, die dazu bestimmt ist, die Menschheit zu unvorstellbaren Höhen von Ruhm, Frieden und Glück in der äußeren Welt und zu übernatürlichen Bewußtseinszuständen in der inneren zu führen, so stark von ihrem natürlichen Lauf abgelenkt wird, daß sie tatsächlich Ungeheuer zur Vernichtung und Peinigung der Menschheit hervorbringt.

Die Antwort auf diese sehr wichtige Frage ist unschwer zu finden: Dieser Katastrophe liegt die Unkenntnis des Gesetzes und der Mangel an Zusammenarbeit des Oberflächen-Bewußtseins mit den verborgenen Tätigkeiten der Evolutionskräfte zugrunde. Alle Offenbarungen der großen Propheten der Vergangenheit geben in mehr oder weniger großem Ausmaß wertvolle Hinweise auf die Lebenswege, denen man folgen muß, um Widerstand oder Verhinderung des Entwicklungsprozesses zu vermeiden, die – wie dies stets bei Verletzungen jedes Naturgesetzes der Fall ist – sowohl für den einzelnen wie für die Menschheit verhängnisvoll sein können.

Man weiß sehr wohl, daß der Mensch eine bestimmte vollkommene und ausgeglichene Diät braucht, um vor Krankheiten bewahrt zu werden und ein gleichmäßiges ruhiges Arbeiten des Organismus zu ermöglichen. Für ein ordnungsgemäßes, harmonisches Wachstum von Körper und Geist eines Kindes verschafft die Natur eine fertige, leicht verdauliche, in jeder Beziehung vollständige Nahrung in der Mutterbrust. In gleicher Weise bedürfen die Verwandlungsprozesse der Kundalini einer bestimmten gesunden und harmonischen körperlichen und geistigen Verfassung, um in richtigen Verhältnissen die subtilen Essenzen zusammenzufügen, die den Brennstoff für die hochpozentierte psychische Strahlung bilden, die allen außergewöhnlichen oder übernormalen Darstellungen des menschlichen Geistes zugrunde liegen.

Eine falsche Lebensweise, unharmonische soziale oder politische Umgebungen, ungesundes Essen und Trinken, Maßlosigkeit und Zügellosigkeit, ebenso übertriebene Sorgen, Angst und Furcht, unbegrenzter Ehrgeiz und Begierde, Gier, Selbstsucht, Neid, Eifersucht und Haß, also alle Eigenschaften, die von der offenbarten Erkenntnis der Menschheit als Übel verdammt werden, weil sie feindlich auf den Organismus einwirken, mischen sich unmittelbar ein in die Fabrik, in der der kostbare Brennstoff hergestellt wird. Hieraus ergibt sich, daß die seelische Strahlung, die der gesunden Ernährung ermangelt, eine verkümmerte, verzerrte oder krankhafte Form annimmt in gleicher Weise wie der Mangel an genügender und gesunder Nahrung die Gesundheit eines Säuglings verkümmert, zerstört oder schädigt. Dies ist der Grund, warum die Offenbarung der Menschheit als Führer gegeben wurde, nachdem die Art des Gesetzes, ihre ungeheueren Hinweise und Wirkungen nicht bekannt waren und es auch heute noch nicht sind.

Jeder Prophet und Seher kam auf die Erde, um wissend oder unbewußt die Aufmerksamkeit auf dieses okkulte Gesetz zu lenken. Die Zeichen und Symptome des Verfalls, die wir heute beobachten, und die die Endphasen aller frühen Zivilisationen und siegreichen Kaiserreiche der Vergangenheit ankündeten, zeigen folgerichtig eine Verschlechterung der physischen und mentalen Güter eines Volkes oder einer Nation an. Diese verursachen eine Verstärkung der sich entwickelnden psychischen Energie, die zu den Unzulänglichkeiten, Fehlern und Schäden der aufwachsenden Generationen und der noch Ungeborenen führen, die Zeichen des Verfalls sind. Schwächung der moralischen Werte, der Liebe zur Familie, der ehelichen Zuneigung, der Treue und Zuverlässigkeit, der festen Begriffe von Wahrheit, Ehrlichkeit, Geduld und Ausdauer, Mangel an Ursprünglichkeit, Fehlen des Sinnes für Verantwortlichkeit und Selbstzucht, Zügellosigkeit, Maßlosigkeit und Trägheit sind einige der charakteristischen Merkmale des geistigen Verfalls.

Mißverhältnis, Mißbildung oder Zerstörung in der seelischen Strahlung sind der Grund für das Auftreten von Genien des Sadismus, die von Zeit zu Zeit fürchterliche Blutbäder anrichten, wie auch von vielen Formen der Neurose und des Wahnsinns. Professor Zaehnder hat in seinem Buch: »Mysticism, Sacred and Profane«[16] einen sehr wichtigen Punkt berührt, indem er das Beispiel von John Custauce, einem entmündigten Manisch-Depressiven zitiert, der während seiner manischen Perioden mystische Erfahrungen hatte. Ebenso hat Huxley in seinem Werk: »Heaven and Hell«[17] den Fall von Renée, einer Schizophrenen, geschildert, die einen autobiographischen Bericht über ihren Durchgang durch den Wahnsinn gab. Sie nennt die Welt der Schizophrenen »das Land der Umneblung«, wie Huxley schreibt, dessen Beleuchtung für sie »höllisch ist, ein intensives blendendes elektrische Licht ohne Schatten, allgegenwärtig und unerbittlich. Der sommerliche Sonnenschein ist unheilvoll« – und ähnlich geht es weiter.

Das Thema ist zu weitreichend, um in dieser kurzen Zusammenfassung behandelt zu werden. Aber aus meiner eigenen Erfahrung und aus dem Studium vieler Fälle, denen ich, sowohl in Indien wie im Westen, begegnet bin, ergibt sich deutlich, daß das Erwachen der Kundalini in einem dafür nicht angepaßten Menschen, der geschädigte Organe, ein ungesundes Nervensystem, eine fehlerhafte Erbmasse oder irgendeine andere Schädigung besitzt, die durch Untersuchung festgestellt werden können, zu einem hysterischen, neurotischen oder geisteskranken Zustand führt. Die Neigung zu Geistesstörung unter denen, die Yoga oder andere Formen religiöser Schulung betreiben, ist in Indien wie im Mittleren Osten bekannt. Diejenigen, die auf dem Weg straucheln und in einer Art von geistiger Verwirrung weiterleben, werden in Persien »Mastanas« genannt, im Gegensatz zu »Farzanas«, der besonnenen Schicht.

[16] Robert Zaehnder: Mysticism, Sacred and Profane; Oxford University Press, 1961.

[17] Aldous Huxley: Heaven and Hell. Deutsche Ausgabe: Himmel und Hölle. Piper Verlag, München, 1957.

Psychotiker dieser Art verfügen in klaren Zwischenzuständen über Hellsicht odere andere paranormale Fähigkeiten, auch wenn sie sich zu anderen Zeiten anormal benehmen. Ich habe einige Fälle von Bewußtseinserweiterungen in Europa getroffen, deren Ursache eine aktivierte Kundalini ist.

Einige dieser Menschen sind trotz erhabener Charakterzüge und zeitweilig sogar psychischen Begabungen, aufgrund einer ungünstigen Umgebung oder anderer Ursachen veränderlich in ihren Stimmungen, durchlaufen auch Perioden der Depression, anstatt die unmittelbare, ewig währende, von einer heilsamen Kundalini geschenkte Freude zu erfahren. Die steigende Flut von geistigen Störungen, sogar unter den fortschrittlichen Nationen, ein Fluch der modernen Zivilisation, ist die Vorwarnung der Natur, daß der Entwicklungsprozeß in falscher Richtung verläuft. Die Beziehung der Schizophrenie zur Pubertät, die in einer großen Anzahl von Fällen besteht, hat im Licht des Gesagten noch eine besondere Nebenbedeutung.

Ich halte es nicht für notwendig, die äußerst wichtige Bedeutung der Enthüllungen, die ich mache, zu betonen. Diese Zusammenfassung soll die ungeheure Tragweite der Lehre von Kundalini über alle Zweifel hinaus darlegen, da ich aus Erfahrung weiß, daß selbst unter den Intellektuellen nur sehr wenige von Intuition Gesegnete imstande waren, diese in ihrer ganzen Fülle zu erfassen. Ich versichere mit allem Nachdruck, daß allem ein einziges Gesetz zugrunde liegt, ein bisher noch unerklärbares Phänomen des menschlichen Geistes. Nur eine beachtliche Reihe von Veränderungen in der psychischen Energie, die als Brennstoff für die Gedanken dient, ist verantwortlich für alle unterschiedlichen und verwickelten Phänomene, die in unserer Zeit der Wissenschaft unlösbare Rätsel aufgeben. Der größere Umfang an Wahnsinn unter genialen Menschen und die Anlage zu Exzentrizität bei vielen von ihnen zeigt deutlich die Existenz einer Gemeinsamkeit zwischen beiden an, wenn man von der Tatsache ausgeht, daß die Gefahr des Wahnsinns in jeder Bemühung liegt, die Schlangenkraft zu erwecken.

Die Erforschung der Kundalini schließt auch eine Untersuchung fast aller im Augenblick noch dunkler geistiger Phänomene ein. Die Forschungen der »Society for Psychical Research« und anderer verwandter Gruppen oder einzelner über Medien, Sensitive, Hellsichtige, über geistige Heiler, Yogaübende und ähnliche Menschen haben insoweit nicht überzeugend gewirkt, als auf diese Weise nur die unzähligen Abzweigungen und Blätter eines riesigen Baumes untersucht wurden, dessen Wurzel Kundalini ist.

Es ist sehr viel praktischer, sich mit der Wurzel zu befassen und dieses Phänomen zu studieren als die Blätter zu untersuchen. Nur so kann man eine Lösung für das Problem finden, das dort hundertmal verwickelter ist. Wenn wir uns mit Geist und Bewußtsein beschäftigen, dann haben wir es mit einem anderen Typ von Energie und einer anderen Seinsebene als der durch unsere Sinne bekannten zu tun. Diese Tatsache muß verstanden werden, denn sie ist entscheidend, wenn wir eine Erforschung des Okkulten beginnen. Es ist die Grundlage, von der aus ein wirkliches Studium des Kosmos unternommen werden kann. Denn das Universum, das wir sehen, ist nur im menschlichen Bewußtseinszustand Wirklichkeit. Jenseits von ihm wird es zur Täuschung einer »Fata Morgana«, aber auf einer höheren Stufe, um den ungeheuren Unterschied aufzuzeigen, den die Veränderung der Potenz der psychischen Strahlung durch Kundalini bewirkt.

Obgleich ich völlig überzeugt bin, daß die vielen Entwicklungen, die ich erwähnt habe, der Wirksamkeit von Kundalini entstammen, das heißt der Tätigkeit eines einzigen, im Augenblick noch verborgenen Gesetzes der Natur, was die Welt des Lebensorgans regiert, möchte ich doch mit aller mir möglichen Betonung vorschlagen, daß jedes von mir ausgesprochene Wort zuerst mit dem Maßstab der Vernunft gemessen, dann an dem Prüfstein der Erfahrungsberichte der Vergangenheit erprobt und zuletzt im Schmelztiegel der Forschung geprüft wird, bevor ihm die geringste Glaubwürdigkeit beigemessen wird. Ich sage dies, weil eine einzige falsche Lehre, die von den Unbedachten angenommen wird, bei diesem Stand der Dinge unberechenbaren Schaden dem menschlichen Wohl zufügen kann.

Ein einziges Gesetz liegt, wie ich zeigte, an der Wurzel fast aller unerklärbarer Phänomene, Triebe und Impulse des menschlichen Denkens – wie etwa den Impulsen der Verehrung und des Aberglaubens, dem Wunsch nach übernatürlicher oder geistiger Erfahrung, der Ehrfurcht vor dem Numinosen, dem Glauben an das Überweltliche und an das Jenseits oder an übernatürliche Fähigkeiten, wie Voraussagen und Hellsehen, Telepathie, vorgeburtliche Erinnerung, Automatismus, geistiges Heilen und ähnlichem. Intuition, Kenntnis der Astrologie, des Handlesens, der Zukunftsdeutung etc., Genialität, mystische Erfahrung, Offenbarung, Inspiration, Neurose, Wahnsinn, ethisches und ästhetisches Empfinden, Aufstieg und Verfall von Nationen, Degeneration von einzelnen Familien und Gruppen, Evolution und verwandte Phänomene, sie alle entstammen der Wirkung eines einzigen kosmischen Gesetzes. Daher ist es offensichtlich, daß das Gesetz der Sparsamkeit mit gleicher Kraft auch im Bereich des Geistes wirkt. Wie könnte dies auch anders sein, nachdem das ganze Universum, das wir sehen, die gesamte Gesetzmäßigkeit und Ordnung, die wir wahrnehmen, nur Widerspiegelungen einer Seinsebene sind, der gegenüber die Sinnenwelt gleichsam zu einem feinen Nebel zusammenschrumpft, der über die Oberfläche einer immerwährenden, immerstrahlenden unbegrenzten Sonne hinzieht. Alle außergewöhnlichen und übernatürlichen psychischen Gaben, alle außergewöhnlichen und anormalen geistigen Zustände, alle Wünsche nach übernatürlicher Erfahrung, nach der Schau Gottes oder nach einem edleren und glücklicheren Seinszustand und alle guten wie bösen revolutionierenden Gedanken entströmen den veränderten Zuständen der psychischen Strahlung, die Kundalini hervorruft, so wie beides, Licht und Dunkel, aus veränderten Positionen der Erd-Oberfläche hervorgehen.

v. Kapitel
Göttliche Möglichkeiten im Menschen

Vom Schicksal, das jedes Ereignis im Weltall beherrscht, auf eine mir selbst – um meiner eigenen Begrenzungen und menschlichen Schwächen willen – unverständliche Weise für diese neue Enthüllung eines schon entdeckten überirdischen Gesetzes ausersehen, tue ich mein Äußerstes, um die Aufmerksamkeit der Gelehrten dieser Zeit auf die lebensnotwendige Bedeutung einer wissenschaftlichen Erforschung dieses Phänomens zu lenken. Ich weiß, daß der jetzt noch unvollkommene und unzulängliche Bericht dieses göttlichen Triebwerkes, den ich in meinen Schriften gegeben habe, nur einen Funken im Dunkel des Zweifels und der im Augenblick vorherrschenden Verwirrung anzünden kann. Zugleich aber vertraue ich, daß Arbeit und Opfer der Wissenschaftler, die, nicht überzeugt von den bestehenden Lehren über den Geist, wie Spürhunde der wahren Lösung des Problems nachjagen und jener Menschen, die, angespornt von einem heiligen Impuls, Tag und Nacht nach einer reineren und besseren Welt verlangen, mit Erfolg die Existenz des allmächtigen Kraftschaltwerkes der Kundalini so feststellen werden, wie ich es beschrieben habe und dies zur Zufriedenheit aller.

Als Antwort auf die Frage, ob eine Veröffentlichung des Geheimnisses dieser furchtbaren Macht in den Händen der Bösen nicht eine schreckliche Waffe sei, um der Welt Schaden zuzufügen, genügt der Hinweis, daß mit Ausnahme der Fälle von angeborener Kundalinikraft ihre Erweckung in Menschen, die Böses sinnen, unweigerlich zu Wahnsinn oder Tod führt. Überdies kann ein offenes Wissen des Geheimnisses als sicherster Schutz gegen den Mißbrauch dieser erhabenen Kraft dienen. Denn zumindest der gut unterrichtete Teil der Menschheit wird genügend im Bilde sein, um einen teuflischen Vertreter dieser Art zu erkennen, auch wenn dieser noch so beredet und voller magnetischer Kräfte ist.

Ich habe keinerlei Unterstützung bei den Enthüllungen, die ich mache. Aller Wahrscheinlichkeit nach werden, sowohl von seiten der Religion wie der Wissenschaft, Skepsis und Zweifel unverhohlen über das geäußert, was ich sage. Dies wird aber nur vorübergehend sein, da jede wichtige Entdeckung im Bereich des Wissens fast immer die Welt in Erstaunen setzte. Wenn aber die hierfür bestimmte Stunde gekommen ist, dann werden die Umstände so bekannt sein, daß bald ein Tag kommt, an dem die Enthüllung, die zuvor noch unglaublich schien, zum verbreitetsten Thema des Tages wird.

Nach meiner bescheidenen Ansicht kann nichts der über uns hängenden Drohung der Atomkatastrophe Widerstand leisten als das Wissen um Kundalini. Wenn erst die Möglichkeit einer geistigen Wiedergeburt durch das Erwecken dieser mächtigen Kraft von der Menschheit angenommen ist, dann wird Kundalini-Yoga das erhabenste Unternehmen sein für die abenteuersuchenden Geister dieser Zeit, die reinen Sinnes und voller Intelligenz sind. Dieser hohen Menschenschicht, die begabt ist mit dem Wissen um die inneren und äußeren Welten, wird die Herkules-Arbeit zufallen, die Menschheit in das Wesen des allmächtigen geistigen Gesetzes einzuführen, um sie zu dem glanzvollen Zustand hinzulenken, der für sie bestimmt ist.

Nichts kann so im Widerspruch zu den erhabenen Vorstellungen der Gottheit stehen, die von den meisten Religionen der Menschheit geprägt sind, wie der Gedanke, daß der sterbliche Mensch irgendwann in seinem langen irdischen Leben einen Zustand erlangen kann, in dem er alles Wissen über die Schöpfung und das Absolute besitzt. Wenn er in solcher Weise denkt, stellt er sich hochmütig in Rivalität zu dem allwissenden Schöpfer des Weltalls, ein Zeichen der Überheblichkeit, die seine Kenntnis über das physische Universum schon längst aus seinem Denken hätte vertreiben sollen. Wer sich gegen eine neue Idee oder eine neue Gedankenwelle stellt, ohne eine faire Prüfung zuzulassen, zeigt ganz offensichtlich einen im Hinterhalt wartenden Stolz, der zeigen will, daß er alles kennt, was in der Welt zu wissen ist. Deshalb bitte ich inständig alle, die nach einer glücklicheren Zukunft für die Menschheit suchen, sowohl Gelehrte wie Gläubige, daß sie das von mir Gesagte aufs strengste einer Prüfung und den Experimenten unterziehen, die die Richtigkeit der Hypothese unter Beweis stellen.

Ein großer Teil von Belehrungen über die Methode der Erwekkung der Kundalini, über die notwendigen Vorsichtsmaßnahmen und die Lebensweise, der gefolgt werden muß, von denen, die sich dieser hohen Aufgabe widmen wollen, ist schon in den alten Handbüchern enthalten. Einiges mehr soll noch in den Büchern hinzugefügt werden, die von Zeit zu Zeit über dieses Thema erscheinen werden. Dennoch muß darauf hingewiesen werden, daß die gegenwärtige Strömung, die die mystische Erfahrung mit halluzinatorischen, durch gewisse Drogen ausgelösten Zuständen oder mit hypnotischen Zuständen gleichsetzt, die durch Suggestion oder gelenkte Meditation hervorgerufen werden, mit einer Umwelt von vielseitigen Ton-Licht-Empfindungen oder mit irgendwelchen anderen künstlichen Mitteln einem höchst fehlerhaften Begriff über den echten mystischen Zustand entstammen. Wenn man zu diesen künstlichen Zuständen, die keine Bemühung der Selbstbeherrschung verlangen, Zuflucht nimmt, ist dies für die fortschrittliche Entwicklung des menschlichen Gehirns ebenso gefährlich, wie es die von Asketen eingenommenen narkotischen Drogen für die geistige Entwicklung in Indien waren.

Bis nicht das Gesetz hinter den mystischen Phänomenen festgestellt ist, sind Versuche, Bewußtseinszustände nachzuahmen, über die bisher noch nichts Sicheres bekannt ist, töricht. Diese Methoden wurden seit uralten Zeiten angewendet, um die Sehnsucht der gierig nach geistiger Entwicklung Hungernden zu stillen, deren Lebensweise und Charaktereigenschaften aber einer wahren Selbstentfaltung im Wege stehen. Sie gleichen Süßigkeiten, die, mit Opiaten gefüllt, von skrupellosen Schwestern manchmal unruhigen kleinen Kindern, die ihrer Pflege anvertraut sind, zum Schlafen eingegeben werden. Allein schon der Gedanke, durch Chemikalien, durch mentale Suggestionen oder Meditationstechniken den Zugang zu Gott zu gewinnen, ist ein Hohn gegenüber den erhabenen Lehren der Religion, die den

Menschen aufrufen, sich für die höchste Schau durch Festhalten an edelsten Lebensidealen vorzubereiten. Die Wissenschaftler und Lehrer geistiger Disziplinen, die diesen lebenswichtigen Punkt auf solche Weise übersehen, leugnen die Notwendigkeit moralischer Höhe und Würde derjenigen, die nach geistiger Erleuchtung streben.

Die Endergebnisse der Kundalini müssen die normalen Begrenzungen des menschlichen Gehirns überschreiten. Geschieht dies nicht, sind die Erfahrungen der Schau entweder Täuschung oder Mythos. Sogar jene, die nur sporadisch Funken des Unauslöschlichen wenige Male in ihrem Leben empfangen, sind zumeist geniale Menschen oder von hoher Intelligenz. Wer in einem Zustand nicht endender Ekstase lebt, muß unbedingt ungewöhnliche intellektuelle Talente, paranormale Gaben und einen veränderten Rhythmus des Nervensystems besitzen. Bei ihnen bleibt das erweiterte Bewußtsein auch im Schlaf bestehen, den man deshalb »Yoga Nidra« nennt, den Schlaf des Yoga. Das wunderbare Kraftreservoir der Kundalini, unmißverständlich Symbol des Göttlichen im Menschen, öffnet neue Horizonte von solcher Erhabenheit, Freude und Herrlichkeit, daß selbst eine bescheidene Beschreibung unglaubhaft erscheinen würde, wenn nicht wenige verwandelte Meister meine Behauptungen unterstützten, um die Gelehrten davon zu überzeugen, daß eine goldene Zukunft für die Menschheit bestimmt ist. In keiner anderen geschichtlichen Zeitspanne waren die Gelehrten so mißtrauisch gegenüber den göttlichen Möglichkeiten im Menschen wie in unserer, und in keinem anderen Zeitalter ist das Bedürfnis nach geistigen Genies so dringend gewesen wie in unserer Zeit.

Der menschliche Geist ist so angelegt, daß kein Luxus und keine Schätze der Erde seine brennende Sehnsucht nach einer Erklärung der eigenen Existenz beruhigen können. Das ganze schwere Gewicht dieses unerforschlichen Mysteriums, alle Fragen, die der Intellekt stellt, alles Leiden um den qualvollen Aufstieg der Evolution, alle Schmerzen, die über Ungerechtigkeit und Leid in der Welt empfunden werden, alle Enttäuschung über zerbrochene Träume und Hoffnungen, alle Qualen über den unwiderruflichen Heimgang von Freunden und Geliebten, alle Angst vor Krankheit, Verfall und Tod vergehen wie Nebel beim Aufgang der inneren Sonne, wenn das geheime Selbst, jenseits von Denken, Zweifel, Schmerz und Sterblichkeit erkannt wird. Einmal erschaut, erleuchtet es die Finsternis des Geistes wie das Aufleuchten eines starken Blitzes die Dunkelheit der Nacht aufbricht und verwandelt den Menschen allein durch ein einziges Aufleuchten der unaussprechlichen Herrlichkeit und des Glanzes der geistigen Welt. Möge diese erhabene Erkenntnis allen zugänglich werden. Möge Erleuchtung und Frieden sich auf den Geist aller herabsenken.

211/1/8.87

Rodinson: Islam und Kapitalismus. stw 584
Scholem: Die jüdische Mystik. stw 330
– Von der mystischen Gestalt der Gottheit. stw 209
– Zur Kabbala und ihrer Symbolik. stw 13
Seyfarth/Sprondel (Hg.): Religion und gesellschaftliche Entwicklung. stw 38
Thompson: Über Wachstum und Form. stw 410
Tibi: Der Islam und das Problem der kulturellen Bewältigung sozialen Wandels. stw 531
– Vom Gottesreich zum Nationalstaat. stw 650
Uexküll: Theoretische Biologie. stw 20
Welker (Hg.): Theologie und funktionale Systemtheorie. stw 495
Wesel: Der Mythos vom Matriarchat. stw 333
Zimmer: Philosophie und Religion Indiens. stw 26

211/2/8.87

suhrkamp taschenbücher materialien

Herbert Achternbusch. Herausgegeben von Jörg Drews. st 2015

Apokalypse. Weltuntergangsvisionen in der Literatur des 20. Jahrhunderts. Herausgegeben von Gunter E. Grimm, Werner Faulstich und Peter Kuon. st 2067

Samuel Beckett. Herausgegeben von Hartmut Engelhardt. st 2044

Thomas Bernhard. Werkgeschichte. Herausgegeben von Jens Dittmar. st 2002

Arbeitsbuch Thomas Brasch. Herausgegeben von Margarete Häßel und Richard Weber. st 2076

Brasilianische Literatur. Herausgegeben von Michi Strausfeld. st 2024

Brechts ›Aufhaltsamer Aufstieg des Arturo Ui‹. Herausgegeben von Raimund Gerz. st 2029

Brechts ›Dreigroschenoper‹. Herausgegeben von Werner Hecht. st 2056

Brechts ›Gewehre der Frau Carrar‹. Herausgegeben von Klaus Bohnen. st 2017

Brechts ›Guter Mensch von Sezuan‹. Herausgegeben von Jan Knopf. st 2021

Brechts ›Heilige Johanna der Schlachthöfe‹. Herausgegeben von Jan Knopf. st 2049

Brechts ›Herr Puntila und sein Knecht Matti‹. Herausgegeben von Hans Peter Neureuter. st 2064

Brechts ›Kaukasischer Kreidekreis‹. Herausgegeben von Werner Hecht. st 2054

Brechts ›Leben des Galilei‹. Herausgegeben von Werner Hecht. st 2001

Brechts ›Mann ist Mann‹. Herausgegeben von Carl Wege. st 2023

Brechts ›Mutter Courage und ihre Kinder‹. Herausgegeben von Klaus-Detlef Müller. st 2016

Brechts Romane. Herausgegeben von Wolfgang Jeske. st 2042

Brechts ›Tage der Commune‹. Herausgegeben von Wolf Siegert. st 2031

Brechts Theaterarbeit. Seine Inszenierung des ›Kaukasischen Kreidekreises‹ 1954. Herausgegeben von Werner Hecht. st 2062

Brechts Theorie des Theaters. Herausgegeben von Werner Hecht. st 2074

Hermann Broch. Herausgegeben von Paul Michael Lützeler. st 2065

Brochs theoretisches Werk. Herausgegeben von Paul Michael Lützeler und Michael Kessler. st 2090

Brochs ›Tod des Vergil‹. Herausgegeben von Paul Michael Lützeler. st 2095

Brochs ›Verzauberung‹. Herausgegeben von Paul Michael Lützeler. st 2039

8/1/2.88

suhrkamp taschenbücher materialien

Paul Celan. Herausgegeben von Werner Hamacher und Winfried Menninghaus. st 2083

Die deutsche Kalendergeschichte. Ein Arbeitsbuch von Jan Knopf. st 2030

Deutsche Lyrik nach 1945. Herausgegeben von Dieter Breuer. st 2088

Diskurstheorien und Literaturwissenschaft. Herausgegeben von Jürgen Fohrmann und Harro Müller. st 2091

Dramatik der DDR. Herausgegeben von Ulrich Profitlich. st 2072

Marguerite Duras. Herausgegeben von Ilma Rakusa. st 2096

Hans Magnus Enzensberger. Herausgegeben von Reinhold Grimm. st 2040

Max Frisch. Herausgegeben von Walter Schmitz. st 2059

Frischs ›Andorra‹. Herausgegeben von Walter Schmitz und Ernst Wendt. st 2053

Frischs ›Don Juan oder die Liebe zur Geometrie‹. Herausgegeben von Walter Schmitz. st 2046

Frischs ›Homo faber‹. Herausgegeben von Walter Schmitz. st 2028

Geschichte als Schauspiel. Deutsche Geschichtsdramen. Interpretationen. Herausgegeben von Walter Hinck. st 2006

Geschichte der deutschen Lyrik von der Frühen Neuzeit bis zur Gegenwart. Band 2: Von Goethe bis Heine. Von Gerhard Kaiser. st 2087

Peter Handke. Herausgegeben von Raimund Fellinger. st 2004

Friedrich Hölderlin. Studien von Wolfgang Binder. Herausgegeben von Elisabeth Binder und Klaus Weimar. st 2082

Ludwig Hohl. Herausgegeben von Johannes Beringer. st 2007

Ödön von Horváth. Herausgegeben von Traugott Krischke. st 2005

Horváth-Chronik. Von Traugott Krischke. st 2089

Horváths ›Geschichten aus dem Wiener Wald‹. Herausgegeben von Traugott Krischke. st 2019

Horváths ›Jugend ohne Gott‹. Herausgegeben von Traugott Krischke. st 2027

Horváths ›Lehrerin von Regensburg. Der Fall Elly Maldaque‹. Dargestellt und dokumentiert von Jürgen Schröder. st 2014

Horváths Prosa. Herausgegeben von Traugott Krischke. st 2094

Horváths Stücke. Herausgegeben von Traugott Krischke. st 2092

Peter Huchel. Herausgegeben von Axel Vieregg. st 2048

Uwe Johnson. Herausgegeben von Rainer Gerlach und Matthias Richter. st 2061

Johnsons ›Jahrestage‹. Herausgegeben von Michael Bengel. st 2057

Joyces ›Dubliner‹. Herausgegeben von Klaus Reichert, Fritz Senn und Dieter E. Zimmer. st 2052

8/2/2.88

suhrkamp taschenbücher materialien

Juden in der deutschen Literatur. Ein deutsch-israelisches Symposion. Herausgegeben von Stéphane Moses und Albrecht Schöne. st 2063
Der junge Kafka. Herausgegeben von Gerhard Kurz. st 2035
Kafka. Der Schaffensprozeß. Von Hartmut Binder. st 2026
Marie Luise Kaschnitz. Herausgegeben von Uwe Schweikert. st 2047
Alexander Kluge. Herausgegeben von Thomas Böhm-Christl. st 2033
Wolfgang Koeppen. Herausgegeben von Eckart Oehlenschläger. st 2079
Franz Xaver Kroetz. Herausgegeben von Otto Riewoldt. st 2034
Landschaft. Herausgegeben von Manfred Smuda. st 2069
Lateinamerikanische Literatur. Herausgegeben von Michi Strausfeld. st 2041
Einladung, Hermann Lenz zu lesen. Herausgegeben von Rainer Moritz. st 2099
Literarische Utopie-Entwürfe. Herausgegeben von Hiltrud Gnüg. st 2012
Literarische Klassik. Herausgegeben von Hans-Joachim Simm. st 2084
Friederike Mayröcker. Herausgegeben von Siegfried J. Schmidt. st 2043
Karl May. Herausgegeben von Helmut Schmiedt. st 2025
E. Y. Meyer. Herausgegeben von Beatrice von Matt. st 2022
Moderne chinesische Literatur. Herausgegeben von Wolfgang Kubin. st 2045
Adolf Muschg. Herausgegeben von Manfred Dierks. st 2086
Paul Nizon. Herausgegeben von Martin Kilchmann. st 2058
Die Parabel. Parabolische Formen in der deutschen Dichtung des 20. Jahrhunderts. Herausgegeben von Theo Elm und Hans H. Hiebel. st 2060
Plenzdorfs ›Neue Leiden des jungen W.‹. Herausgegeben von Peter J. Brenner. st 2013
Rilkes ›Aufzeichnungen des Malte Laurids Brigge‹. Herausgegeben von Hartmut Engelhardt. st 2051
Rilkes ›Duineser Elegien‹. Band 1: Selbstzeugnisse. Herausgegeben von Ulrich Fülleborn und Manfred Engel. st 2009
Rilkes ›Duineser Elegien‹. Band 2: Forschungsgeschichte. Herausgegeben von Ulrich Fülleborn und Manfred Engel. st 2010
Rilkes ›Duineser Elegien‹. Band 3: Rezeptionsgeschichte. Herausgegeben von Ulrich Fülleborn und Manfred Engel. st 2011
Rilkes ›Duineser Elegien‹. Drei Bände in Kassette. Herausgegeben von Ulrich Fülleborn und Manfred Engel. st 2009-2011
Schillers ›Briefe über die ästhetische Erziehung‹. Herausgegeben von Jürgen Bolten. st 2037

8/3/2.88

suhrkamp taschenbücher materialien

Die Strindberg-Fehde. Herausgegeben von Klaus von See. st 2008

Karin Struck. Herausgegeben von Hans Adler und Hans Joachim Schrimpf. st 2038

Über das Klassische. Herausgegeben von Rudolf Bockholdt. st 2077

Martin Walser. Herausgegeben von Klaus Siblewski. st 2003

Weimars Ende. Prognosen und Diagnosen in der deutschen Literatur und politischen Publizistik 1930-1933. Herausgegeben von Thomas Koebner. st 2018

Ernst Weiß. Herausgegeben von Peter Engel. st 2020

Peter Weiss. Herausgegeben von Rainer Gerlach. st 2036

Peter Weiss' ›Die Ästhetik des Widerstands‹. Herausgegeben von Alexander Stephan. st 2032

8/4/2.88

suhrkamp taschenbücher
Eine Auswahl

2/1/8.86

– Der Traum des Helden 1185
Blatter: Kein schöner Land 1250
– Love me tender 883
Bloch: Freiheit und Ordnung 1264
Böni: Die Fronfastenkinder 1219
Bohrer: Ein bißchen Lust am Untergang 745
Brandão: Null 777
Brasch: Kargo 541
– Der schöne 27. September 903
Braun, J. u. G.: Conviva Ludibundus 748
– Der Fehlfaktor 687
– Die unhörbaren Töne 983
Braun, Volker: Gedichte 499
– Das ungezwungene Leben Kasts 546
Brecht: Gedichte für Städtebewohner 640
– Gedichte über die Liebe 1001
– Geschichten vom Herrn Keuner 16
Brecht-Liederbuch 1216
Bertolt Brechts Dreigroschenbuch 87
Brentano: Theodor Chindler 892
Broch, Hermann: Gedichte 572
– Massenwahntheorie 502
– Schlafwandler 472
– Die Schuldlosen 209
– Der Tod des Vergil 296
– Die Verzauberung 350
Brod: Der Prager Kreis 547
Buch: Die Hochzeit von Port-au-Prince 1260
– Karibische Kaltluft 1140
Cain: Serenade in Mexiko 1164
Campbell: Der Heros in tausend Gestalten 424
Carossa: Der Arzt Gion 821
Carpentier: Explosion in der Kathedrale 370
– Krieg der Zeit 552
Celan: Atemwende 850
Christo: Der Reichstag 960
Cioran: Vom Nachteil geboren zu sein 549
– Syllogismen der Bitterkeit 607
Cortázar: Album für Manuel 936
– Das Feuer aller Feuer 298
Dahrendorf: Die neue Freiheit 623
Dorst: Merlin oder das wüste Land 1076
Dorst/Fallada: Kleiner Mann – was nun? 127
Duras: Ganze Tage in den Bäumen 1157
– Moderato cantabile 1178
– Die Verzückung der Lol V. Stein 1079
– Der Vize-Konsul 1017
Eich: Fünfzehn Hörspiele 120
Eliade: Kosmos und Geschichte 1273
– Yoga 1127
Eliot: Die Dramen 191
Enzensberger: Der kurze Sommer der Anarchie 395
– Politische Brosamen 1132
– Der Untergang der Titanic 681
Erikson: Lebensgeschichte und historischer Augenblick 824
Eschenburg: Über Autorität 178
Fanon: Die Verdammten dieser Erde 668
Federspiel: Die Märchentante 1234
– Der Mann, der Glück brachte 891
– Massaker im Mond 1286
Feldenkrais: Bewußtheit durch Bewegung 429
Fleißer: Abenteuer aus dem Englischen Garten 925
– Ein Pfund Orangen 991
– Eine Zierde für den Verein 294

2/2/8.86

Franke: Der Atem der Sonne 1265
– Die Kälte des Weltraums 990
– Keine Spur von Leben 741
– Schule für Übermenschen 730
– Tod eines Unsterblichen 772
– Zone Null 585
Freund: Drei Tage mit J. Joyce 929
Fries: Das nackte Mädchen auf der Straße 577
Frisch: Andorra 277
– Dienstbüchlein 205
– Gesammelte Werke Bd. 1-7 1401-1407
– Homo faber 354
– Mein Name sei Gantenbein 286
– Der Mensch erscheint im Holozän 734
– Montauk 700
– Stiller 105
– Tagebuch 1946–1949 1148
– Tagebuch 1966–1971 256
– Wilhelm Tell für die Schule 2
Fromm/Suzuki/de Martino: Zen-Buddhismus und Psychoanalyse 37
Fuentes: Nichts als das Leben 343
Fühmann: 22 Tage oder die Hälfte des Lebens 463
Gabeira: Die Guerilleros sind müde 737
Gandhi: Mein Leben 953
García Lorca: Dichtung vom Cante Jondo 1007
– Das Publikum 1207
Ginzburg: Caro Michele 863
– Mein Familienlexikon 912
Goetz: Irre 1224
Goytisolo: Identitätszeichen 1133
– Rückforderung des Conde don Julián 1278
– Spanien und die Spanier 861
Griaule: Schwarze Genesis 624
Gründgens' Faust 838
Gulyga: Immanuel Kant 1093
Handke: Als das Wünschen noch geholfen hat 208
– Die Angst des Tormanns beim Elfmeter 27
– Ich bin ein Bewohner des Elfenbeinturms 56
– Kindergeschichte 1071
– Der kurze Brief 172
– Langsame Heimkehr 1069
– Die Lehre der Sainte-Victoire 1070
– Die linkshändige Frau 560
– Die Stunde der wahren Empfindung 452
– Über die Dörfer 1072
– Wunschloses Unglück 146
Hesse: Aus Indien 562
– Berthold 1198
– Casanovas Bekehrung 1196
– Demian 206
– Emil Kolb 1202
– Gertrud 890
– Das Glasperlenspiel 79
– Die Heimkehr 1201
– Heumond 1194
– Karl Eugen Eiselein 1192
– Kinderseele 1203
– Klein und Wagner 116
– Klingsors letzter Sommer 1195
– Die Kunst des Müßiggangs 100
– Kurgast 383
– Ladidel 1200
– Der Lateinschüler 1193
– Lektüre für Minuten 7
– Die Morgenlandfahrt 750
– Narziß und Goldmund 274
– Die Nürnberger Reise 227
– Peter Camenzind 161
– Roßhalde 312
– Siddhartha 182
– Der Steppenwolf 175
– Unterm Rad 52
– Walter Kömpf 1199

2/3/8.86

– Der Weltverbesserer 1197
Hildesheimer: Marbot 1009
– Mitteilungen an Max 1276
– Mozart 598
Höllerer: Die Elephantenuhr 266
Hohl: Die Notizen 1000
Horváth: Ein Kind unserer Zeit 1064
– Geschichten aus dem Wiener Wald 1054
– Italienische Nacht 1053
– Jugend ohne Gott 1063
Hrabal: Erzählungen 805
Huchel: Gezählte Tage 1097
Hürlimann: Die Tessinerin 985
Hughes: Ein Sturmwind auf Jamaica 980
Im Jahrhundert der Frau 1011
Innerhofer: Die großen Wörter 563
– Schöne Tage 349
Inoue: Die Eiswand 551
– Der Stierkampf 944
Janker: Zwischen zwei Feuern 1251
Jens: Republikanische Reden 512
Johnen/Zech: Allgemeine Musiklehre 1218
Johnson: Das dritte Buch über Achim 169
– Mutmassungen über Jakob 147
Jonas: Das Prinzip Verantwortung 1085
Joyce, James: Anna Livia Plurabelle 751
– Giacomo Joyce 1003
Joyce, Stanislaus: Das Dubliner Tagebuch 1046
Kästner: Der Hund in der Sonne 270
Kaminski: Die Gärten des Mullay Abdallah 930
– Herzflattern 1080
Kasack: Fälschungen 264
Kaschnitz: Der alte Garten 387
– Jennifers Träume 1022
– Tage, Tage, Jahre 1141
Kawerin: Das Ende einer Bande 992
Kenkô: Betrachtungen aus der Stille 1227
Kirchhoff: Einsamkeit der Haut 919
Koch, Werner: Jenseits des Sees 718
– See-Leben I 132
– Wechseljahre oder See-Leben II 412
Koeppen: Amerikafahrt 802
– Die Mauer schwankt 1249
– Romanisches Café 71
– Tauben im Gras 601
– Der Tod in Rom 241
– Das Treibhaus 78
Koestler: Der Yogi und der Kommissar 158
Kohl: Entzauberter Blick 1272
Komm: Der Idiot des Hauses 728
Konrád: Der Besucher 492
– Der Komplize 1220
Kracauer: Das Ornament der Masse 371
Kraus: Aphorismen 1318
– Die letzten Tage der Menschheit 1320
Kreuder: Die Gesellschaft vom Dachboden 1280
Kroetz: Der Mondscheinknecht 1039
– Der Mondscheinknecht. Fortsetzung 1241
Krolow: Das andere Leben 874
– Ein Gedicht entsteht 95
Kühn: Der Himalaya im Wintergarten 1026
– Josephine 587
– Die Präsidentin 858
– Stanislaw der Schweiger 496

2/4/8.86

Kundera: Abschiedswalzer 591
– Das Buch vom Lachen und Vergessen 868
– Das Leben ist anderswo 377
Laederach: Sigmund 1235
Lao She: Die Stadt der Katzen 1154
le Fort: Die Tochter Jephthas und andere Erzählungen 351
Lem: Also sprach GOLEM 1266
– Altruizin 1215
– Der futurologische Kongreß 534
– Imaginäre Größe 658
– Mondnacht 729
– Nacht und Schimmel 356
– Robotermärchen 856
– Die Stimme des Herrn 907
– Terminus 740
– Wie die Welt noch einmal davonkam 1181
Lenz, Hermann: Andere Tage 461
– Die Augen eines Dieners 348
– Die Begegnung 828
– Tagebuch vom Überleben 659
Leutenegger: Ninive 685
– Vorabend 642
Lezama Lima: Paradiso 1005
Link: Tage des schönen Schrekkens 763
Lipuš: Der Zögling Tjaž 993
Loerke: Die Gedichte 1049
– Tagebücher 1903-1939 1242
Lovecraft: Berge des Wahnsinns 220
– Cthulhu 29
– Das Ding an der Schwelle 357
Majakowski: Her mit dem schönen Leben 766
Malson: Die wilden Kinder 55
Mao Dun: Shanghai im Zwielicht 920
Maupassant: Die Totenhand 1040
Mayer: Außenseiter 736
Mayröcker. Ein Lesebuch 548
Meier: Der schnurgerade Kanal 760
Meyer: Eine entfernte Ähnlichkeit 242
– Ein Reisender in Sachen Umsturz 927
Miller: Am Anfang war Erziehung 951
– Das Drama des begabten Kindes 950
– Du sollst nicht merken 952
Miłosz: Verführtes Denken 278
Mitscherlich: Ein Leben für die Psychoanalyse 1010
– Massenpsychologie ohne Ressentiment 76
Molière: Drei Stücke 486
Mommsen: Hofmannsthal und Fontane 1228
Morante: Lüge und Zauberei 701
Moser: Familienkrieg 1169
– Grammatik der Gefühle 897
– Lehrjahre auf der Couch 352
Muschg: Fremdkörper 964
– Gegenzauber 665
– Liebesgeschichten 164
– Mitgespielt 1083
Museum der modernen Poesie 476
Neruda: Liebesbriefe an Albertina Rosa 829
Nizon: Canto 319
Nossack: Das kennt man 336
– Der jüngere Bruder 133
– Um es kurz zu machen 255
O'Brien: Irischer Lebenslauf 986
Offenbach: Sonja 688
Onetti: Das kurze Leben 661
Oz, Im Lande Israel 1066
Paz: Essay I/II 1036
Pedretti: Heiliger Sebastian 769

2/5/8.86

– Die Zertrümmerung von dem Karl 1156
Penzoldts schönste Erzählungen 216
Phantastische Aussichten 1188
Phantastische Träume 954
Phantastische Welten 1068
Plenzdorf: Die Legende vom Glück ohne Ende 722
– Die neuen Leiden des jungen W. 300
– Gutenachtgeschichte 958
Plessner: Die Frage nach der Conditio humana 361
Poe: Der Fall des Hauses Ascher 517
Portmann: Biologie und Geist 124
Proust: Die Entflohene 918
– Die Gefangene 886
– Im Schatten junger Mädchenblüte. 2 Bde. 702
– In Swanns Welt 644
– Sodom und Gomorra. 2 Bde. 822
Puig: Die Engel von Hollywood 1165
– Der Kuß der Spinnenfrau 869
Ramos: Karges Leben 667
Regler: Das große Beispiel 439
Reinshagen: Das Frühlingsfest 637
Ribeiro: Maíra 809
Rochefort: Frühling für Anfänger 532
– Die Welt ist wie zwei Pferde 1244
– Zum Glück gehts dem Sommer entgegen 523
Rodoreda: Auf der Plaça del Diamant 977
Roumain: Herr über den Tau 675
Russell: Eroberung des Glücks 389
Sanzara: Die glückliche Hand 1184
Schertenleib: Die Ferienlandschaft 1277
Schimmang: Das Ende der Berührbarkeit 739
Schivelbusch: Intellektuellendämmerung 1121
Schleef: Gertrud 942
Schneider: Der Balkon 455
– Der Friede der Welt 1048
– Die Hohenzollern 590
Schröder: Fülle des Daseins 1029
Scorza: Trommelwirbel für Rancas 584
Semprun: Die große Reise 744
– Yves Montand: Das Leben geht weiter 1279
Sender: Der Verschollene 1037
Shaw: Der Aufstand gegen die Ehe 328
– Mensch und Übermensch 987
– Der Sozialismus und die Natur des Menschen 121
– Unreif 1226
Soriano: Das Autogramm 1252
– Traurig, Einsam und Endgültig 928
Spectaculum 1-15 900
Spectaculum 16-25 1050
Sperr: Bayrische Trilogie 28
Steiner: Ein Messer für den ehrlichen Finder 583
– Schnee bis in die Niederungen 935
Sternberger: Drei Wurzeln der Politik 1032
– Die Politik und der Friede 1237
– Die Stadt als Urbild 1166
Stierlin: Delegation und Familie 831
Stolze: Innenansicht 721
– Nachkriegsjahre 1094

2/6/8.86

Strätz: Frosch im Hals 938
Strindberg: Ein Lesebuch für die niederen Stände 402
Struck: Die Mutter 489
Strugatzki, A. u. B.: Der ferne Regenbogen 956
– Fluchtversuch 872
– Die gierigen Dinge des Jahrhunderts 827
Das Suhrkamp Taschenbuch 1100
Tango 1087
Tendrjakow: Die Abrechnung 965
Terlecki: Ruh aus nach dem Lauf 1030
Timmermans: Der Heilige der kleinen Dinge 611
Unseld: Der Autor und sein Verleger 1204
– Begegnungen mit Hermann Hesse 218
– Hermann Hesse. Werk- und Wirkungsgeschichte 1257
– Peter Suhrkamp 260
Vargas Llosa: Gespräch in der Kathedrale 1015
– Der Hauptmann und sein Frauenbataillon 959
Vogt: Schnee fällt auf Thorn 755
Waggerl: Brot 299
– Das Jahr des Herrn 836
Walser, Martin: Die Anselm Kristlein Trilogie. 3 Bde. 684
– Ehen in Philippsburg 1209
– Ein fliehendes Pferd 600
– Jenseits der Liebe 525
– Liebeserklärungen 1259
– Das Schwanenhaus 800
– Seelenarbeit 901
Walser, Robert: Bedenkliche Geschichten 1115
– Der Gehülfe 1110
– Geschwister Tanner 1109
– Jakob von Gunten 1111
– Poetenleben 1106
– Der Räuber 1112
– Wenn Schwache sich für stark halten 1117
– Zarte Zeilen 1118
Watts: Der Lauf des Wassers 878
– Vom Geist des Zen 1288
Weber-Kellermann: Die deutsche Familie 185
Weiß, Ernst: Der Aristokrat 792
– Der arme Verschwender 795
– Der Augenzeuge 797
– Die Feuerprobe 789
– Die Galeere 784
– Der Gefängnisarzt 794
– Georg Letham 793
– Mensch gegen Mensch 786
Weiss, Peter: Das Duell 41
Wilhelm: Die Wandlung 1146
Winkler: Das wilde Kärnten. 3 Bde. 1042–1044
Zeemann: Einübung in Katastrophen 565
– Das heimliche Fest 1285
Zweig: Brasilien 984

2/7/8.86